青年学者文丛

战略规划与预算管理研究

李鹤尊　著

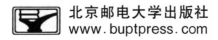
北京邮电大学出版社
www.buptpress.com

内容简介

财政部于 2017 年 9 月颁布的《管理会计应用指引第 100 号——战略管理》等首批 22 项管理会计应用指引突出了战略规划的重要性和以战略地图作为战略管理方法的重要性，并强调企业预算管理应以战略目标为导向。以往的研究认为战略规划流程能构建战略与预算的关系，然而并未充分讨论战略流程的设计对预算行为的影响。此外，战略地图的核心是在战略层面描绘绩效指标之间的因果联系，而以往研究鲜有讨论其对事前的目标设定和预算行为的影响。本书针对上述研究空白，聚焦于战略规划流程和绩效指标间的因果联系，使用案例研究、实验研究和调查研究的方法，探讨了二者对企业预算行为的影响。

本书面向管理会计研究者以及从事管理会计工作的人士，旨在丰富预算和战略管理理论体系，为战略预算管理的研究和实践提供借鉴。

图书在版编目(CIP)数据

战略规划与预算管理研究/李鹤尊著． -- 北京：北京邮电大学出版社，2023.1
ISBN 978-7-5635-6858-1

Ⅰ. ①战… Ⅱ. ①李… Ⅲ. ①财政政策—研究—中国②财政预算—经济绩效—财政管理—研究—中国 Ⅳ. ①F812.0②F812.3

中国版本图书馆 CIP 数据核字(2023)第 001079 号

策划编辑：刘纳新　姚　顺　责任编辑：姚　顺　谢亚茹　责任校对：张会良　封面设计：七星博纳

出版发行：北京邮电大学出版社
社　　址：北京市海淀区西土城路 10 号
邮政编码：100876
发 行 部：电话：010-62282185　传真：010-62283578
E-mail：publish@bupt.edu.cn
经　　销：各地新华书店
印　　刷：唐山玺诚印务有限公司
开　　本：720 mm×1 000 mm　1/16
印　　张：12.25
字　　数：205 千字
版　　次：2023 年 1 月第 1 版
印　　次：2023 年 1 月第 1 次印刷

ISBN 978-7-5635-6858-1　　　　　　　　　　　　　　定价：46.00 元

· 如有印装质量问题，请与北京邮电大学出版社发行部联系 ·

序　言

2017年9月29日,财政部发布了《关于印发〈管理会计应用指引第100号——战略管理〉等22项管理会计应用指引的通知》。其中,《管理会计应用指引第100号——战略管理》突出了战略规划的重要性;《管理会计应用指引第101号——战略地图》突出了战略地图作为战略管理工具的重要性;《管理会计应用指引第200号——预算管理》则突出了企业预算管理应以战略目标为导向的原则,并提出企业可整合预算与战略管理领域的管理会计工具方法。那么,企业的战略管理如何影响预算管理呢?本书将对这一问题进行探讨并报告研究结果。

本书的主要研究贡献有以下3点。

第一,本书的研究揭示了战略绩效评价系统设计与预算行为之间的联系。一方面,本书的调查研究考察了战略规划流程和绩效指标因果联系对预算程序公平的影响,可以为组织公平的研究提供新的线索,同时拓展了目标承诺研究,揭示了战略绩效评价系统设计与预算目标承诺之间的联系。另一方面,本书的调查研究成功捕捉并系统考察了战略规划流程的差异,在问卷调查中使用制定战略目标、设计衡量指标、设定目标值、制定行动方案和编制预算的排序捕捉企业在战略规划流程上的差异,并利用结构方程模型考察这种差异对预算程序公平和预算目标承诺的影响,从而更加充分地揭示了战略绩效评价系统设计与预算行为的联系。

第二,本书的研究在平衡计分卡框架下扩充了绩效指标因果链条方面的研究成果。实验证据表明,战略规划流程和绩效指标因果链条结合在一起能为下级管理者参与战略规划构建良好的机制,有助于提高预算目标与战略目标的契合度。

因此,绩效指标因果链条在与战略规划流程结合使用时能够更充分地发挥作用。

第三,本书的研究为战略管理会计工具和方法的推广提供了重要参考。本书对于管理者的启示在于,将衡量指标的设计、目标值的设定、行动方案的制定和预算的编制基于企业战略目标的制定,有助于企业组织内的管理者更好地认识绩效指标之间的因果联系,进而使预算程序更加公平。此外,设定合理的战略规划流程,并构建具有因果联系的绩效指标体系,能够使企业内管理者和员工更愿意接受预算目标并为之付出努力。

最后,感谢北京邮电大学中央高校基本科研业务费专项资金(2020RC30)对本书的资助,感谢本人攻读博士期间的3位导师对本书研究内容的指导。

由于本人水平有限,研究局限在所难免,不当之处恳请读者批评指正。

李鹤尊

北京邮电大学

目　　录

第 1 章　绪论 ··· 1

　1.1　研究背景 ··· 1

　1.2　研究目的 ··· 3

　　　1.2.1　战略规划流程和绩效指标因果联系对企业预算管理的影响 ····· 3

　　　1.2.2　战略规划流程和绩效指标因果联系对预算目标设定的影响 ······· 4

　　　1.2.3　战略规划流程和绩效指标因果联系对预算程序公平的影响 ······· 4

　　　1.2.4　战略规划流程和绩效指标因果联系对预算目标承诺的影响 ······· 5

　1.3　研究内容与方法 ··· 5

　　　1.3.1　案例研究 ·· 7

　　　1.3.2　实验研究 ·· 8

　　　1.3.3　问卷调查研究 ·· 9

　1.4　研究意义和潜在贡献 ·· 10

　　　1.4.1　揭示了战略绩效评价系统设计与预算行为的联系 ··············· 10

　　　1.4.2　扩充了平衡计分卡框架下有关绩效指标因果链条的研究成果 ····· 11

　　　1.4.3　为战略管理会计工具和方法的推广提供了重要参考 ············· 11

第 2 章　战略导向的预算管理研究综述 ·· 13

　2.1　主要理论基础概述 ·· 13

2.1.1　管理控制系统工具包 ……………………………………… 13
　　2.1.2　自决理论 …………………………………………………… 15
　　2.1.3　程序公平理论 ……………………………………………… 15
　　2.1.4　心智模型 …………………………………………………… 18
　　2.1.5　目标设定理论 ……………………………………………… 19
　2.2　相关领域文献回顾 ………………………………………………… 20
　　2.2.1　管理控制系统 ……………………………………………… 20
　　2.2.2　战略地图和平衡计分卡 …………………………………… 24
　　2.2.3　战略绩效评价系统 ………………………………………… 31
　　2.2.4　预算行为 …………………………………………………… 34
　2.3　以往研究的述评 …………………………………………………… 40

第3章　战略规划流程、绩效指标因果联系与企业预算管理 …………… 42

　3.1　引言 ………………………………………………………………… 42
　3.2　研究设计 …………………………………………………………… 45
　　3.2.1　样本选择 …………………………………………………… 46
　　3.2.2　数据和资料收集 …………………………………………… 47
　3.3　案例描述 …………………………………………………………… 48
　　3.3.1　案例企业背景信息 ………………………………………… 48
　　3.3.2　6S管理体系 ………………………………………………… 49
　　3.3.3　战略地图与平衡计分卡 …………………………………… 54
　　3.3.4　5C价值型财务管理体系 …………………………………… 55
　3.4　案例讨论 …………………………………………………………… 57
　　3.4.1　管理会计变革过程 ………………………………………… 58
　　3.4.2　扎根理论分析 ……………………………………………… 59
　　3.4.3　基于案例的发现 …………………………………………… 70
　3.5　本章小结 …………………………………………………………… 74

第4章　战略规划流程、绩效指标因果联系与预算目标设定 …………… 77

　4.1　引言 ………………………………………………………………… 77

4.2 理论分析与研究假说 ……………………………………………………… 80
　4.2.1 战略规划流程、绩效指标因果链条与预算目标设定行为 ……… 80
　4.2.2 战略规划流程、绩效指标因果链条与预算满意度 ……………… 82
4.3 研究设计 …………………………………………………………………… 83
　4.3.1 实验被试者 …………………………………………………………… 83
　4.3.2 实验流程 ……………………………………………………………… 84
　4.3.3 解释变量 ……………………………………………………………… 86
　4.3.4 被解释变量 …………………………………………………………… 86
4.4 实证结果 …………………………………………………………………… 88
　4.4.1 战略规划流程与绩效指标因果链条对预算目标设定行为的
　　　　影响 …………………………………………………………………… 88
　4.4.2 战略规划流程与绩效指标因果链条对预算满意度的影响 ……… 89
　4.4.3 补充测试 ……………………………………………………………… 92
4.5 本章小结 …………………………………………………………………… 95

第5章　战略规划流程、绩效指标因果联系与预算程序公平 ………………… 98

5.1 引言 ………………………………………………………………………… 98
5.2 理论分析与研究假说 ……………………………………………………… 100
　5.2.1 战略规划流程与预算程序公平 ……………………………………… 101
　5.2.2 绩效指标因果联系与预算程序公平 ………………………………… 103
　5.2.3 战略规划流程与预算参与 …………………………………………… 103
　5.2.4 绩效指标因果联系与预算参与 ……………………………………… 104
　5.2.5 战略规划流程与绩效指标因果联系 ………………………………… 105
　5.2.6 预算参与、预算程序公平与管理者绩效 …………………………… 105
5.3 研究设计 …………………………………………………………………… 106
　5.3.1 样本选择 ……………………………………………………………… 106
　5.3.2 变量测量 ……………………………………………………………… 106
　5.3.3 统计方法 ……………………………………………………………… 109
5.4 实证结果 …………………………………………………………………… 109

5.4.1　信度和效度分析 ……………………………………… 109
　　5.4.2　结构方程的估计结果 ………………………………… 112
　　5.4.3　稳健性检验 …………………………………………… 113
　5.5　本章小结 …………………………………………………… 114

第6章　战略规划流程、绩效指标因果联系与预算目标承诺 …… 116

　6.1　引言 ………………………………………………………… 116
　6.2　理论分析与研究假说 ……………………………………… 117
　　6.2.1　战略规划流程与预算目标承诺 ………………………… 118
　　6.2.2　绩效指标因果联系与预算目标承诺 …………………… 119
　　6.2.3　绩效指标因果联系与预算松弛的产生 ………………… 120
　6.3　研究设计 …………………………………………………… 121
　　6.3.1　样本选择 ………………………………………………… 121
　　6.3.2　变量测量 ………………………………………………… 122
　　6.3.3　统计方法 ………………………………………………… 124
　6.4　实证结果 …………………………………………………… 124
　　6.4.1　信度和效度分析 ………………………………………… 124
　　6.4.2　结构方程的估计结果 …………………………………… 127
　　6.4.3　稳健性检验 ……………………………………………… 128
　6.5　本章小结 …………………………………………………… 132

第7章　结语 ……………………………………………………… 134

　7.1　主要发现 …………………………………………………… 135
　　7.1.1　战略规划流程和绩效指标因果联系对企业预算管理的影响 …… 135
　　7.1.2　战略规划流程和绩效指标因果联系对预算目标设定的影响 …… 136
　　7.1.3　战略规划流程和绩效指标因果联系对预算程序公平的影响 …… 137
　　7.1.4　战略规划流程和绩效指标因果联系对预算目标承诺的影响 …… 138
　7.2　实务建议 …………………………………………………… 139
　7.3　研究的不足之处 …………………………………………… 140

  7.4 未来的研究方向 …………………………………………………… 140

附录 ……………………………………………………………………… 142

  附录 A 访谈提纲 …………………………………………………… 142

  附录 B 实验设计 …………………………………………………… 143

  附录 C 受访者情况统计 ……………………………………………… 149

  附录 D 调查研究变量定义 …………………………………………… 150

  附录 E 调查问卷设计 ……………………………………………… 153

第1章 绪　　论

1.1 研究背景

2017年9月29日,财政部发布《关于印发〈管理会计应用指引第100号——战略管理〉等22项管理会计应用指引的通知》。其中,《管理会计应用指引第100号——战略管理》突出了战略规划的作用,对企业战略管理的流程进行了规范,指出"企业设定战略目标后,各部门需要结合企业战略目标设定本部门战略目标,并将其具体化为一套关键财务及非财务指标的预测值"。《管理会计应用指引第101号——战略地图》则强调了财务、客户、内部流程以及学习成长这4个战略维度之间、战略目标之间及关键绩效指标之间的因果联系。战略管理相关的应用指引的目的在于"促进企业加强战略管理,提高企业战略管理的科学性和有效性,推动企业实现战略目标"。此外,《管理会计应用指引第200号——预算管理》明确指出企业预算管理应以战略目标为导向,要"整合预算与战略管理领域的管理会计工具方法,强化预算对战略目标的承接分解"。那么,企业应如何开展战略规划？如何通过战略地图等工具明确绩效指标之间的因果联系,促进战略实施？战略管理活动如何影响预算管理活动？这些问题有待进一步研究。

战略规划是闭环战略管理体系的重要步骤,Kaplan和Norton(2008b)在战略地图和平衡计分卡的基础上提出了一个包含六大步骤的闭环战略管理体系：①制定战略;②规划战略;③分解战略;④规划运营;⑤回顾战略与运营计划执行情况;⑥检验与调整战略。其中,规划战略又被进一步分为5个步骤:①制定战略目标;②设计衡量指标;③设定目标值;④制定行动方案;⑤编制预算。其中,制定战略目标和编制预算都属于规划战略的重要环节(CADEZ et al.,2008;FREZATTI et al.,2011)。

平衡计分卡和战略地图是两个彼此关联的概念(KAPLAN et al.,2004)。平衡计分卡是从财务、客户、内部流程、学习成长4个层面将企业战略规划转化为可操作的衡量指标和目标值的一种新型绩效指标体系。平衡计分卡只建立了一个战略框架,并未对战略进行系统、全面的描述;战略地图是以平衡计分卡的4个层面目标(财务层面、客户层面、内部流程层面、学习成长层面)为核心,通过分析这4个层面目标之间的相互关系而绘制出的企业战略因果关系图(KAPLAN et al.,2008b)。两者的结合被以往文献称为平衡计分卡框架(CHENG et al.,2012;HUMPHREYS et al.,2016)。平衡计分卡的出现被誉为管理会计史上最重要的发展之一(TAYLER,2010)。自问世以来,平衡计分卡框架不断演变。早期版本的平衡计分卡聚焦于使用多个绩效指标管理企业绩效(KAPLAN et al.,1992),提供一种更加"平衡"的绩效观。在此之后,Kaplan和Norton(2000)将战略地图与平衡计分卡结合,以向使用者展示绩效指标之间的因果链条,揭示绩效指标因果联系[①]。

根据以往文献,平衡计分卡框架只是战略绩效评价系统(Strategic Performance Measurement System,SPMS)的一种具体形态。Bisbe和Malagueño(2012)基于以往文献定义了战略绩效评价系统:当一个绩效评价系统整合了长期战略和运营目标,提供了多个层面的绩效指标,针对每个层面依次提供的目标(goals)、指标(metrics)、目标值(targets)、行动方案(action plans),并明确了目标之间或绩效指标之间存在的因果联系时,则该绩效评价系统为战略绩效评价系统。以往研究已经为战略绩效评价系统作为一个整体对绩效的影响提供了支持性证据(BURNEY et al.,2007;GIMBERT et al.,2010;BISBE et al.,2012)。

---

① 在本书中,"绩效指标因果链条"指表示绩效指标之间关系的图形(箭头),而"绩效指标因果联系"指绩效指标内在的因果联系。

综上所述,与实务界愈发重视战略相一致,在管理会计的学术研究中,基于战略的绩效评价系统越来越得到重视(KAPLAN et al.,2008b;GIMBERT et al.,2010;BISBE et al.,2012),并且人们普遍认为战略绩效评价系统有利于战略的执行从而提升绩效(DAVIS et al.,2004;CRABTREE et al.,2008;DE GEUSER et al.,2009;BISBE et al.,2012)。许多研究者都认为战略绩效评价系统应该包括战略规划流程,同时各指标之间应存在因果联系(KAPLAN et al.,2008b;BISBE et al.,2012)。

如Chenhall(2005)所述,不同的战略绩效评价系统在本质上存在巨大差异,有的仅仅是财务指标与非财务指标的组合,而有的能够将运营与战略建立联系。因此,进一步考察绩效评价系统中的特定特征具有重要意义。此外,具体的预算需要在预算目标的基础上编制(LALI,2011)。根据战略规划设定的绩效指标目标值以及基于行动方案形成的资金和战略支出计划,能够为运营预算提供基础(KAPLAN et al.,2008b)。由此可见,Kaplan和Norton(2008b)提出的战略规划流程与预算编制流程之间存在密切联系。预算是中国企业广泛应用的管理会计工具(潘飞 等,2006;杜荣瑞 等,2009;高晨 等,2007),而预算与战略的脱节是中国企业在预算管理中面临的重要问题(于增彪 等,2004)。在进行研究前,本书作者未发现关注战略规划流程和绩效指标因果联系对企业预算行为影响的研究。为进一步丰富预算行为领域的研究,本书聚焦于战略规划流程和绩效指标因果联系,考察两者对企业预算行为的影响。

1.2 研究目的

1.2.1 战略规划流程和绩效指标因果联系对企业预算管理的影响

绩效指标因果联系在企业中的一种典型的表现形式是战略地图。在开展基于更大样本的研究之前,本书的第一项研究拟考察一个典型企业中战略规划流程和战略地图影响企业预算管理的具体过程。Kaplan和Norton(2001)提出了战略中心型组织的5项原则:①高层领导的推动;②将战略转化为可操作的表述;③组织围绕战略进行协同;④把战略变为每个员工的日常工作;⑤持续将战略引入管理流程。根据上述的第5条原则,企业应当形成正式的战略管理流程,如正式战略规划流程。以往研究也已表明,企业的战略制定和实施倾向于结构化和正式化(BHIMANI et al.,2007)。然而,企业引入新的管理会计方法需要经历复杂的变革过程。那么,企业应该如何引入正式战略规划流程?如何引入战略地图?这两者会对企业的预算等传统管理会计实践带来怎样的变化?针对上述问题,本书将对典型企业展开案例研究,考察战略规划流程和战略地图引入企业的过程。

1.2.2 战略规划流程和绩效指标因果联系对预算目标设定的影响

战略地图的一个重要的特点在于其向平衡计分卡的使用者显示了绩效指标因果链条,从而揭示了绩效指标因果联系(TAYLER,2010)。这种因果链条会对管理者的判断产生重大的影响,但以往研究往往聚焦于这种因果链条所表现的绩效指标因果联系对管理者事后判断的影响,很少讨论其对事前目标设定行为的影响(刘俊勇 等,2011;TAYLER,2010;CHENG et al.,2012;HUMPHREYS et al.,2016)。Kaplan和Norton(2008b)为战略地图提出了配套的战略规划流程(制定战略目标—设计衡量指标—设定目标值—制定行动方案—编制预算)。在这种战略规划流程下,绩效指标因果链条对于管理者预算目标设定行为的影响有待进一步研究。具体而言,就是:当上级管理者希望提高财务绩效时,战略规划流程以及战略地图用链条描绘出的绩效指标因果联系是否会引导下级管理者在参与预算时上报更高的预算目标;当上级管理者为提高绩效确定并下达了高于以往水平的预算目标时,战略规划流程以及战略地图用链条描绘出的绩效指标因果联系是否会使下级管理者表现出更高的预算满意度。本书将使用实验研究的方法为上述问题提供线索。

1.2.3 战略规划流程和绩效指标因果联系对预算程序公平的影响

本书第3章和第4章的研究均基于平衡计分卡框架,而平衡计分卡框架只是战略绩效评价系统的一种特殊形态。一般意义上的战略绩效评价系统也应当含有能将战略目标转化为预算的规划流程,且能够揭示绩效指标的因果联系(CHENHALL,2005;BISBE et al.,2012)。鉴于此,接下来的研究会跳出平衡计分卡框架,考察战略规划流程和绩效指标因果联系在一般的战略绩效评价系统中发挥的作用。由于企业现有的公开数据难以反映战略绩效评价系统的应用情况,因此本书使用结构化问卷调查企业的管理实践。

预算是中国企业广泛应用的管理会计工具(潘飞 等,2006;杜荣瑞 等,2009;高晨 等,2007)。在中国制度的背景下,预算程序公平对于预算管理的有效性具有重要意义,其主要内容之一就是企业或者部门编制预算的过程是公正的(孙健 等,2017)。以往研究提出,战略绩效评价系统应具有"制定战略目标—设计衡量指标—设定目标值—制定行动方案—编制预算"的战略规划流程(KAPLAN et al.,2008b;BISBE et al.,2012),这种流程为预算目标的确定提供了一个标准的程序。那么,这种战略规划流程是否会对预算程序公平产生影响呢?本书将使用调查研究的方法为上述问题提供线索。

1.2.4 战略规划流程和绩效指标因果联系对预算目标承诺的影响

战略绩效评价系统中包含战略目标和绩效指标目标值(CHENHALL,2005;BISBE et al.,2012),这意味着目标设定是其应用的重要环节。目标承诺(goal commitment)反映了管理者实现目标的决心,是调节战略目标与绩效指标目标值之间关系的重要因素(KLEIN et al.,1999)。因此,战略绩效评价系统的特征与预算目标承诺之间的关系值得进一步探究。那么,作为战略绩效评价系统的两种重要特征,战略规划流程和绩效指标因果联系能否使管理者产生更高的目标承诺,进而为实现预算目标付出更多的努力呢?针对这一问题,本书将进一步开展调查研究,以考察战略规划流程和绩效指标因果联系对预算目标承诺的影响。

1.3 研究内容与方法

本书的研究框架如图 1-1 所示。本书第 1 章为绪论,围绕研究主题,简要阐述研究背景、研究目的、研究内容与方法、研究意义和潜在贡献等基本问题。第2章简要概括理论基础，并回顾以往文献。本书研究主要使用的理论基础包括管理控制系统工具包、自决理论、程序公平理论、心智模型和目标设定理论。

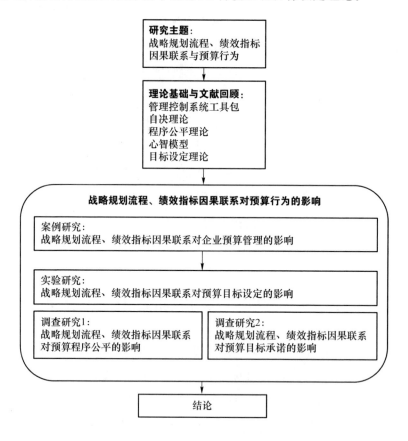

图 1-1 本书的研究框架

本书的研究始于第3章。第3章和第4章在平衡计分卡框架下展开。其中，第3章对典型企业进行导入性案例研究，考察战略规划流程和绩效指标因果联系对企业预算管理的影响。这项案例研究的一个重要作用在于为后续研究提供背景信息。第4章通过实验考察战略规划流程和绩效指标因果联系对管理者预算目标设定的影响。第5章和第6章不再限于平衡计分卡框架，而是使用问卷调查法研究一般意义上的战略绩效评价系统。其中，第5章基于问卷调查获得的证据考察战略规划流程和绩效指标因果联系对预算程序公平的影响，第6章则考察战略规划流程和绩效指标因果联系对预算目标承诺的影响。第7章对本书的结论进行了概括。

第 1 章　绪　　论

对于预算行为的不同方面(企业预算管理、预算目标设定、预算程序公平和预算目标承诺),战略规划流程以及绩效指标因果联系产生影响的机理可能不相同。鉴于此,本书主要从 3 种路径分析战略规划流程以及绩效指标因果联系对预算行为的影响,如图 1-2 所示。第一,本书将分别分析战略规划流程以及绩效指标因果联系对特定预算行为的直接影响;第二,考虑到绩效指标的设计是战略规划流程中的重要环节,本书将分析战略规划流程能否通过影响绩效指标因果联系而间接地影响特定预算行为;第三,考虑到企业可能会同时具备战略规划流程和绩效指标因果联系,本书还将分析两者的交互作用对特定预算行为的影响。

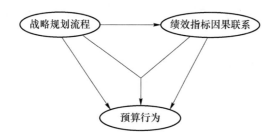

图 1-2　战略规划流程、绩效指标因果联系对预算行为的影响

Birnberg 等(1990)认为,管理会计领域的不同研究方法各有优劣,且不存在某一种方法能够严格优于其他方法,因此他们鼓励研究者在管理会计领域的研究中使用多种研究方法,并提出了两类方案:第一类方案是使用多种方法研究同一问题;第二类方案是围绕特定研究主题,使用不同研究方法进行一系列相互关联的研究。本书参考了上述第二类方案,采用了案例研究、实验研究和问卷调查研究相结合的实证研究方法进行研究。

1.3.1　案例研究

本书的研究拟从典型企业的具体管理实践入手,通过导入性、探索性的案例研究,考察战略规划流程、绩效指标因果联系对预算行为的影响在典型企业的管理活动中是否存在。战略地图包含的绩效指标因果链条是绩效指标因果联系的一种具体表现形式,因此本书的案例研究聚焦于 Kaplan 和 Norton(2008b)提出的战略规划流程以及战略地图,考察两者影响企业预算管理的具体过程。此外,案例研究有助于展示企业组织内发生的动态变化的具体过程(EISENHARDT,1989),且单案例研究在深入调查新现象及动态过程时具有明显优势(NUDURUPATI et al.,2015),但以往研究缺乏对战略规划流程在企业内发挥作用的机制的探讨与考察。为了更好地观察正式战略规划流程引入企业的过程,以及理解其与战略地图和平衡计分卡、预算程序等管理控制系统中其他成分间的联系,本书第3章采用探索式案例研究的方法,将华润集团作为典型企业进行研究。2003年,华润集团引入了基于战略的"6S管理体系",其包含了集团内部一致的战略规划流程;同年,华润集团开始在下属业务单元推广战略地图和平衡计分卡;在此之后,华润集团的企业规模持续增长,财务绩效保持稳定。种种迹象表明,华润集团已成功地引入并实施了正式战略规划流程、战略地图和平衡计分卡。由此,本书第3章分析、梳理了华润集团管理体系的变革过程,并基于其内部档案、公开信息以及访谈等证据总结发现。

1.3.2 实验研究

现实中,预算属于企业的内部管理活动。对管理者的预算目标设定行为进行大范围观测的难度很大。不仅如此,现实中的预算目标设定行为受到了诸多因素的影响,这些因素很难被全面地观测并在研究中加以控制。因此,实验研究通常被用于考察目标设定行为的影响因素。对于如何使用因果链条描绘绩效指标因果联系并考察其对管理者行为的影响这一问题,以往的平衡计分卡框架下的实验研究(TAYLER,2010;CHENG et al.,2012;HUMPHREYS et al.,2016)形成了一套成熟有效的方法。

为了考察战略规划流程和绩效指标因果联系对预算目标设定的影响,本书第4章借鉴以往的研究方法,采用2(是否存在战略规划流程)×2(是否存在绩效指标因果链条)的实验设计,将被试者随机分配到4个组中。172名商科在职硕士研究生志愿者作为被试者在固定地点参与了实验。被试者进入事先设计好的网页开始实验,在每一个分组中,被试者需要阅读资料,了解一个虚构的医药商业企业的管理实践。在两个存在战略规划流程的分组中,被试者通过文字资料了解企业的战略规划流程;在另外两个不存在战略规划流程的分组中,被试者将直接被告知企业

"未采用正式战略规划流程";在两个存在绩效指标因果链条的分组中,被试者通过图文资料了解企业使用的与战略地图结合、绘制了绩效指标因果链条的平衡计分卡;在另外两个不存在绩效指标因果链条的分组中,被试者通过图文资料了解企业使用的不含绩效指标因果链条的平衡计分卡。接下来,被试者会被要求扮演销售部门经理参与编制预算,填报自己负责的绩效指标的目标值。被试者在网页上填报好目标值后会进入下一个页面。在这个页面中,被试者会被告知上级管理者在参考了下级管理者的意见后下达的最终确定的预算目标值。在此基础上,被试者会被请求对预算结果的综合满意度进行打分。

1.3.3 问卷调查研究

使用问卷调查可以在较大范围内收集数据,以了解现实中管理者和企业的情况,用较大的样本检验理论(BIRNBERG et al.,1990)。作为本书第4章和第5章涉及的重要概念,预算程序公平和预算目标承诺作为结果变量时,很难在实验模拟的环境下得到有效观察。相比之下,目前已有大量调查研究使用问卷方式考察企业的预算行为,对于绩效指标因果联系、预算程序公平、预算目标承诺、预算参与等概念,已有较为成熟的度量方法(MILANI,1975;HOLLENBECK et al.,1989;GIMBERT et al.,2010;孙健 等,2017)。为确保问卷问题的合理性、可靠性,本书调查问卷中的问题主要来源于英文文献中问卷问题的同义转述,或者直接采用中文文献中的问卷问题。

为了考察真实企业的战略规划流程对预算程序公平和预算目标承诺的影响,本书第5章和第6章采用问卷调查的方式收集数据。问卷自2016年10月至2017年7月向中国部分企业的管理者发放。通过本书作者所在研究机构的校友关系及其与实务界的合作关系,本书作者取得了包含多种行业、多个层级的管理者名单。为确保填写问卷的人充分了解公司的管理会计实践,本次调查将问卷发放对象的职位限定为公司董事长、总经理、总会计师或财务总监、其他高管、财务部门负责人、财务人员、业务部门负责人、其他业务管理者。最终,本书作者选择了554位管理者作为问卷发放对象。本研究于在线问卷调查网站上完成问卷的编写,并将其通过即时通信软件发送给问卷发放对象,共发放问卷554份,回收问卷274份,其中有效问卷250份,总回收比率为49.46%,在有效问卷回收比率为45.13%。在有效问卷的受访者中,84.40%为总会计师、财务总监、财务部门负责人或其他财务人员,64.40%来自国有企业,28.00%来自民营企业。受访者所在行业涵盖了所有19个中国证监会行业门类。

1.4 研究意义和潜在贡献

1.4.1 揭示了战略绩效评价系统设计与预算行为的联系

管理流程是管理控制系统的重要组成部分(MALMI et al.,2008),因此本书将战略规划流程视作战略绩效评价系统设计的重要方面。本书的研究显示,战略绩效管理体系中包含战略规划流程,有助于管理者构建战略与预算的联系。本书的研究揭示了战略规划流程和绩效指标因果联系对预算程序公平的影响,可以为组织公平方面的研究提供新的线索。本书的研究也拓展了预算目标承诺研究,揭示了战略规划流程和绩效指标因果联系与预算目标承诺之间的联系。以往对于预算程序公平和预算目标承诺的研究往往聚焦于预算参与(LINDQUIST,1995;MAGNER et al.,1995;WENTZEL,2002;LAU et al.,2006;MAIGA et al.,2007),本书将这一领域的研究拓展到了预算管理的前端——战略管理,为战略领域的系统设计问题研究和预算领域的行为问题研究建立了联系。

此外,本书的研究成功捕捉并系统考察了战略规划流程的差异。以往研究虽然已经开始关注战略绩效评价系统产生的影响(NEELY et al.,1995;HENRI,2006;GIMBERT et al.,2010;BISBE et al.,2012),但很少针对性地讨论系统中战略规划流程上的差异。例如,以往文献在使用调查问卷捕捉战略规划流程的差异时,仅询问企业的绩效评价系统是否"明确包含制定战略目标、设计衡量指标、设定目标值和制定行动方案",而且仅将其作为衡量战略绩效评价系统应用的观测项目之一,而不进行单独考察(GIMBERT et al.,2010;BISBE et al.,2012)。本书认为,这种做法不能充分捕捉战略规划流程上的差异。例如,以往的测量方法无法反映制定战略目标、设计衡量指标、设定目标值、制定行动方案和编制预算这5个步骤在实践中是按照怎样的顺序完成的。鉴于此,本书在问卷调查中使用由制定战略目标、设计衡量指标、设定目标值、制定行动方案和编制预算构成的"标准流程"捕捉企业战略规划流程上的差异,利用结构方程模型(Structural Equation Model,SEM)考察这种差异对预算程序公平和预算目标承诺的影响,从而更加充分地揭示了战略绩效评价系统设计与预算行为之间的联系。

1.4.2　扩充了平衡计分卡框架下有关绩效指标因果链条的研究成果

以往的实验研究已经表明,战略地图所包含的绩效指标因果链条揭示了绩效指标因果联系,能够影响管理者对绩效评价的判断以及管理者的决策绩效(TAYLER,2010;HUMPHREYS et al.,2016)。然而,以往对平衡计分卡绩效指标因果链条的研究多聚焦于其对管理者事后判断的影响,很少讨论其对事前的目标设定行为的影响。本书的实验证据表明,绩效指标因果链条在目标值设定的过程中同样发挥着重要的作用。

此外,本书的实验证据为平衡计分卡框架下的战略规划和预算目标设定之间的关系研究提供了新的线索。实验证据表明,将Kaplan和Norton(2008b)提出的战略规划流程和绩效指标因果链条结合在一起能为下级管理者参与战略规划构建良好的机制,有助于提高预算目标与战略目标之间的契合度。本书的研究不仅关注平衡计分卡的形态,而且关注其应用过程。实验证据表明,绩效指标因果链条在与战略规划流程结合使用时能够更充分地发挥作用。

1.4.3　为战略管理会计工具和方法的推广提供了重要参考

本书的研究对于《管理会计应用指引》的制定者和企业管理者均具有参考价值。对于《管理会计应用指引》的制定者,本书的发现将有助于理解《管理会计应用指引第100号——战略管理》《管理会计应用指引第101号——战略地图》和《管理会计应用指引第200号——预算管理》3项应用指引之间的联系。本书的研究发现表明,战略规划流程有助于强化绩效指标因果联系,进而对预算行为产生积极影响；战略地图在战略规划流程中应用时能更好地发挥作用，强化战略与预算之间的联系。所以，上述3个应用指引应同时面向企业推广。

  本书对于管理者的启示在于，基于企业战略目标进行衡量指标的设计、目标值的设定、行动方案的制定和预算的编制，有助于企业组织内的管理者更好地认识绩效指标之间的因果联系，进而增加预算程序公平。此外，设定合理的战略规划流程，并构建具有因果联系的绩效指标体系，能够使企业内的管理者和员工更愿意接受预算目标并为之付出努力。

第 2 章 战略导向的预算管理研究综述

本书第 3 章对典型企业开展案例研究,使用的分析视角为管理控制系统工具包;第 4 章主要使用自决理论解释实验被试者面对不同条件时做出的决策和判断。第 5 章和第 6 章将分别使用与程序公平和目标设定相关的理论讨论战略规划流程和绩效指标因果联系对预算程序公平和预算目标承诺的影响。此外,本书使用心智模型理论解释绩效指标因果联系在预算管理中发挥作用的原理。本章将简要介绍上述研究的主要理论基础——管理控制系统工具包、自决理论、程序公平理论、心智模型、目标设定理论。

本章也将简单介绍本书涉及的主要研究领域——管理控制系统、战略地图和平衡计分卡、战略绩效评价系统和预算行为。最后,本章将系统地回顾前人在这些领域的研究。

2.1 主要理论基础概述

2.1.1 管理控制系统工具包

Malmi 和 Brown(2008)认为,管理控制系统是指经理人用来使员工的行为与组织目标和战略相一致的所有的机制和系统的统称,但纯粹的决策支持系统除外。

在这样的定义下,预算或者平衡计分卡都可以归到管理控制系统内。Malmi 和 Brown(2008)在此基础上提出了一个新的管理控制系统框架。在这一框架下,管理控制系统包含五大要素:①规划控制系统;②反馈控制(cybernetic control)系统;③报酬控制系统;④行政控制系统;⑤文化控制系统。

规划控制系统应该具有三大特征:第一,它需要为组织内各个职责的人员设定目标,从而引导他们的行为;第二,它需要为这些目标设定标准,以明确各个职责的人员所需付出的努力和做出的行为;第三,它需要协调各个职责的人员的目标,从而管控个体和群体的行为。企业的规划应包含行动方案和长期规划。其中,行动方案具有战术导向,规划期通常在 1 年以内;长期规划则具有战略导向,规划期超过 1 年。

反馈控制系统应该具有五大特征:第一,它应该具有能将现象和活动量化的指标;第二,它应该具有需要达到的目标值;第三,它应该具有反馈过程,使人们能够对比实际结果和预设的标准;第四,其反馈过程应该能够产生差异分析;第五,它应该能够修正系统内的行为;预算(HANSEN et al.,2003)、财务指标(ITTNER et al.,1998a)、非财务指标(ITTNER et al.,1998a)、财务与非财务指标相结合的绩效评价系统(如平衡计分卡)(KAPLAN et al.,1992)都属于反馈控制系统的范畴。

报酬控制系统通过使用报酬激励个体和群体产生更好的绩效,从而管控他们努力的方向、努力的持久性和努力的强度(BONNER et al.,2002)。

行政控制系统通过设定组织结构、实施监督、设定规则来引导个体行为。组织结构(Otley et al.,1980)、治理结构(Abernethy et al.,1996)、流程与政策(Simons,1987)都属于行政控制的范畴。

文化控制系统通过信念和社会规范影响个体行为。价值观管控(Simons,1995)、社群管控(Ouchi,1979)、文化符号(Schein,2006)都属于文化控制的范畴。

Malmi 和 Brown(2008)提出的管理控制系统五要素之间存在着广泛联系,可以用于理解企业内不同管理工具和方法之间的联系。战略地图和平衡计分卡的结合意味着,规划控制系统中的长期规划系统、反馈控制系统中的平衡计分卡以及预算之间存在着紧密联系。战略规划需要正式化和结构化(BHIMANI et al.,2007),这意味着规划控制系统需要行政控制系统中的流程与政策来支撑。Malmi 和 Brown(2008)提议后续研究应进一步探讨管理控制系统工具包的组成部分之间的关联。

2.1.2 自决理论

自决理论(Self-Determination Theory,SDT)是一种解释人类动机的宏观理论(DECI et al.,2008)。自决理论将人做事的动机分为自主性动机(autonomous motivation)和受控性动机(controlled motivation)。自主性动机是指由人自身的意愿产生的动机;受控性动机是指人在面对外在管制时产生的动机。根据自决理论,相比于动机的总量,动机的种类和质量对管理者绩效的影响更为重要。

在管理会计领域,自主性动机可以用来解释下级管理者在参与决策后的行为。3种人类的基本需求:对自主权(autonomy)的需要、对能力(competence)的需要、对人际关系(relatedness)的需要会激发自主性动机。根据 Baerdemaeker 和 Bruggeman(2015)的研究,下级管理者通过参与战略规划,能够满足上述3种需求,从而产生"自主性预算动机"(autonomous budget motivation)。这种动机使下级管理者更倾向于设定符合实际情况的预算目标并致力于完成该目标,而不是设定过于简单的预算目标,制造预算松弛。

2.1.3 程序公平理论

程序公平是指产生结果的过程是公平的(TYLER,1987;LIND et al.,1988)。程序公平可以用于解释管理体系的设计与绩效之间的关系。大量的管理会计研究显示,良好的程序公平感能够提高管理者绩效(CHONG et al.,2002;WENTZEL,2002;KELLY et al.,2014)。

对程序公平的研究最早是分析个人对于公平程度存在差异的解决程序的反应(THIBAUT et al.,1975)。Thibaut 和 Walker(1975)的研究发现,当个体能同时控制过程和结果时,其满意度最高;如果个体仅能控制过程和结果中的一个,那么其控制过程时的满意度要高于控制结果时的满意度。程序公平理论认为,面对不公平的结果时,只要产生结果的程序是公平的,个体就会做出对组织有利的行为。Leventhal 等(1980)则关注程序公平在其他方面的特点,他们认为公平的程序需要满足6个标准:一致性(consistency)、偏见抑制(bias suppression)、准确性

(accuracy)、可校正性(correctability)、可代表性(representativeness)以及伦理性(ethicality)。

通过文献回顾可知,程序公平研究常使用的 6 种理论基础有过程控制模型、自利模型、群体价值模型、参照认知理论、公平启发理论、不确定性管理理论。

过程控制模型是 Thibaut 和 Walker(1975)提出的,通过研究法律上解决争端的过程,他们识别出了两种类型的控制:过程控制和决策控制。过程控制是在举证过程中施加的控制,而决策控制是作出决定时施加的控制。Thibaut 和 Walker(1975)认为管控机制在争议双方与第三方决策者之间的分布是影响人们对于程序公平看法的重要因素,同时人们偏好那些能够最大化个人利益的程序,通过对这些程序实施控制,以确保个体能够获得其所期望的结果。

自利模型(self-interest model)是 Tyler(1987)提出的,但本质上,该模型是对 Thibaut 和 Walker(1975)的研究内容的延伸。该模型认为,个体很关注其对程序的控制,因为合理的程序能为个体带来合理的结果。在自利模型中,程序公平被视为取得合理结果的工具。若某一程序能够给个体带来其所期望的产出结果,则其会被认为是公平的。概括地说,自利模型本质上属于社会交换理论的内容(TYLER,1994;KONOVSKY,2000)。BLAU(1964)根据社会交换理论提出,社会交换是为保证社会稳定而采取的社会活动之一。信任是维持社会交换关系的关键因素,而且是程序公平的重要来源(KONOVSKY et al.,1994)。在组织内部,管理者对构建信任有重要影响(WHITENER et al.,1998)。管理者的公平对待能够消除员工对探索的畏惧,进而形成二者间的信任关系;公平地对待员工能体现管理者对员工的尊重,有助于信任关系的发展(FOLGER et al.,1989)。此外,新产生的信任关系会发展成长期信任关系(KONOVSKY et al.,1994)。

群体价值模型(group-value model)指出,因为群体成员关系是获取社会地位和自尊的一种重要途径,人们会认为个体与群体之间的长期关系是有价值的。概括地说,社会地位和自尊可以体现在 3 个方面:中立(neutrality)、信任(trust)和身份(standing)(TYLER,1989)。中立意味着个人不会受到有偏见的对待;信任则依赖决策者采用无偏见的程序;身份意味着群体的领导能够有礼貌地对待他人,尊重他人的权利和自尊(TYLER,1994)。上述 3 个方面的内容会影响个体对程序公平的判断,群体领导加强中立、信任和身份的行为将提高个体的程序公平感,提高群体的稳定性。Lind 和 Tyler(1988)认为,自利模型和群体价值模型之间存在互补性。结合使用这两个理论模型可以解释绝大多数程序公平文献的研究结果。然而,上述两个模型存在明显差异:自利模型认为,产出结果的合理性应当对程序公平产生影响;而群体价值模型则认为程序公平与结果无关,因此产出结果的合理性对程序公平没有直接影响。

参照认知理论(Referent Cognitions Theory,RCT)由 Folger(1986)提出,这一理论可以同时解释分配公平和程序公平。参照认知理论将人们对不公平的工作产生的反应分为两类:愤恨反应(来自对能够获得预期产出的程序的信念)和满意或不满意反应(来自相对结果本身)。参照认知理论认为,在一个由决策者分配的环境中,当人们相信采取其他的程序可以获得更多的产出时,不满情绪往往会增加(CROPANZANO et al.,1989)。参照认知理论得到了一定的实证支持(FOLGER et al.,1986;CROPANZANO et al.,1989;AQUINO et al.,1997)。

公平启发理论(fairness heuristic theory)认为,人们需要对公平性进行判断(Van den Bos et al.,1998)。这种判断关系到一个人能否信任其他人,以及能否维系与群体之间的关系(LIND et al.,1988;TYLER et al.,1992)。Van den Bos 等(1998)认为,人们需要信息帮助他们判断能否信任他们的领导。特别地,当这种信息无法获取时,人们会通过领导们决策的程序公平性来进行判断。当领导的决策基于公平的程序时,人们会对产出结果有更积极的反应。Van den Bos 等(1998)利用两个实验研究为该理论提供了证据支持。

不确定性管理理论认为,人们对组织公平的需求取决于他们所面临的不确定性程度,当不确定性程度较高时,程序公平能够带来更强烈的反应(LIND et al.,2002)。该理论也得到了实证检验(DIEKMANN et al.,2004;DE CREMER et al.,2005;THAU et al.,2009)。

在管理会计领域,Lindquist(1995)发现,在预算设定时允许下级管理者发表观点能够显著提高他们的工作满意度;进一步地,Libby(1999)发现,预算设定时允许下级管理者发表观点,同时上级管理者会向下级管理者解释预算相关的概念,绩效才会出现显著提升。Wentzel(2002)发现,预算参与度的感知和预算分配公平性的感知是正相关的,这种公平性又与目标承诺正相关,而目标承诺与管理者绩效正相关。Maiga 和 Jacobs(2007)发现,预算参与增加预算程序公平感,预算程序公平感的增加提高预算目标承诺,进而降低预算松弛出现的可能性。

以往文献关注了绩效评价系统的设计对程序公平的影响。同时,企业为何要在绩效评价系统中引入非财务评价指标一直是管理会计研究的热点问题(ITTNER et al.,2003),而程序公平理论已逐渐成为解释财务指标和非财务指标区别的重要理论之一。Lau 和 Buckland(2001)认为,在绩效评价时采用财务指标能够导致较强的公平感,因为下级管理者认为财务指标更加"客观"与"可信",而非财务指标则显得"主观"和"有偏见"。Lau 和 Sholihin(2005)分别研究了财务指标与非财务指标的应用对员工工作满意度的影响路径和结果,他们对 70 家公司的经理进行调查的结果表明,财务指标与非财务指标对员工满意度的影响并没有实质区别,财务指标与非财务指标都会正向影响绩效评价的程序公平和对上级管理者的信任,进而正向影响员工工作的满意度。之后,Lau 和 Moser(2008)进一步研究了非财务指标的应用对员工行为的影响,结果显示非财务指标通过影响绩效评价的程序公平,进而影响组织的目标承诺和员工的工作绩效,这表明非财务指标的应用为员工带来的公平感不仅对员工的满意度有影响,而且对员工的行为和绩效有进一步的影响。

2.1.4 心智模型

心智模型是指一个系统内的因果联系在思维上的主观表现,它可以被用于支持决策或者解释、预测复杂的现象(MARKMAN et al.,2001)。心智模型具有以下 3 个特点。第一,心智模型是定性模型而非定量模型,能够表现出不同变量之间的方向关系(如 X 增加 Y),也能够近似地表现这种关系的程度大小,但并不会表现出精准的数量关系。第二,心智模型不涉及因果关系的统计属性,如条件概率、协方差等,而是涉及人们对因果关系的自然而然的判断,如因果倾向性等。第三,与定量模型相比,心智模型是不完备的,可能会遗漏一些相关信息,也许会在包含直接的因果联系(如 X 增加 Y)的同时忽略一些间接效应(如 W 增加 X 进而增加 Y)

和更加复杂的因果联系(如非线性关系、滞后因果联系)(STERMAN,1989;DIEHL et al.,1995)。

心智模型理论可以用于解释绩效管理体系对管理者认知的影响。管理者的心智模型可用于支持预测、解释和决策(MARKMAN et al.,2001)。管理会计信息会影响个体的心智模型,进而影响个体的决策(BIRNBERG et al.,2006)。Humphreys等(2016)的实验研究将心智模型理论整合到绩效评价系统研究中,他们发现,当使用战略地图展示战略目标之间的因果链条且绩效结果的发布没有滞后时,被试者的决策绩效比其他情况下的更高;之后,他们进一步考察了上述因果联系影响决策绩效所经由的认知机制,发现战略地图所表现出的战略目标之间的因果联系提高了管理者心智模型的准确性,进而提高了管理者的决策绩效。

2.1.5 目标设定理论

目标设定理论认为,有难度、明确的目标产生的绩效会高于简单、模糊的目标,但是如果没有对目标的承诺,那么目标设定将难以发挥作用(LOCKE et al.,1981)。目标承诺是指实现目标的决心(LOCKE et al.,1981),是一个用于理解目标和绩效之间关系的关键概念(KLEIN et al.,1999)。在目标设定理论(goal-setting theory)下,大量的研究表明,个体投入特定目标时会产生更高水平的绩效(LOCKE et al.,1981)。例如,Magner(1996)认为,当管理者投入预算目标时,会与他人展开互动,深入了解工作环境、绩效目标和工作策略,这会对管理者的绩效产生重要的积极影响。

在管理会计领域,目标设定理论可以被用来解释预算目标设定对管理者绩效的影响。一些以往的研究显示,有一定难度的预算目标能够产生更高的绩效(WEBB et al.,2010;ARNOLD et al.,2015;IOANNOU et al.,2015),但也存在相反的证据(KELLY et al.,2014)。此外,以往的研究也关注目标设定的过程。一些研究显示,预算参与能够通过增强下级管理者的公平感而促进目标承诺,进而提高绩效(CHONG et al.,2002;WENTZEL,2002)或降低管理者制造预算松弛的倾向(MAIGA et al.,2007)。

2.2 相关领域文献回顾

2.2.1 管理控制系统

1. 管理控制系统的概念

将管理控制系统定义为"在实现组织目标的过程中,管理者确保有效获取并使用资源的程序"和"管理者影响组织中的其他成员,以实施组织战略的过程"(ANTHONY,1965)。此后的文献中出现了多种对管理控制系统的定义,其中一些定义之间存在交叉(ANTHONY,1965;OTLEY et al.,1980),而另一些则差异巨大(OUCHI,1979;SIMONS,1995;ABERNETHY et al.,1996;LANGFIELD-SMITH,1997;FISHER,1998;CHENHALL,2003;MERCHANT et al.,2007)。

一些学者认为,管理控制系统是一个内涵丰富的系统,Chenhall(2003)认为管理会计(Management Accounting,MA)是"预算或产品成本等实践的归集整理",管理会计系统(Management Accounting System,MAS)是"系统地使用管理会计以达到某种目标"的系统,而管理控制系统(Management Control System,MCS)则超越了管理会计系统,可以包含其他控制系统,如质量控制、准时制管理(Just-in-time management,JIT)。Merchant 和 Otley(2007)则认为宽泛的管理控制系统应包括战略发展、战略控制和学习过程,这些超过了管理会计所包含的内容。

也有部分学者认为管理控制系统的内涵较窄。例如,Merchant 和 Van der Stede(2007)将管理控制从战略控制中独立出来;Abernethy 和 Chua(1996)则认为管理控制系统是一系列能够促使组织成员按照与组织目标一致的路径行动的管控机制的结合体。

2. 管理控制系统分析框架

以往研究常用的管理控制系统分析框架包括 Anthony(1965)提出的计划与控

制系统框架、Simons(1995)提出的控制杠杆框架、Otley(1999)和 Ferreira 等(2009)提出的绩效管理框架、Kaplan 和 Norton(2008b)提出的闭环式管理系统框架、Malmi 和 Brown(2008)提出的管理控制系统工具包框架。此外,本节还将简述权变理论下的管理控制系统研究。

(1) 计划与控制系统框架

Anthony(1965)认为,一个正规的管理控制系统应该包括 4 种相互联系的活动,即战略计划、预算、执行与评价、报告与分析,在这样一个系统中,每一个活动都与下一个活动相衔接,从而构成了一个"封闭的循环"。Anthony 将其构建的框架结构分为 3 个部分:管理控制的环境、管理控制的过程和管理控制的变化。在管理控制系统中,Anthony 提出了一个包含战略规划、预算编制、绩效衡量标准、绩效评定和管理报酬的控制过程,和一个包含理解战略、组织结构、责任中心、企业文化和人力资源的控制环境。

Anthony(1965)还提出了包含财务导向的战略规划、预算、财务绩效评价和激励的管理控制系统框架,该框架提供了关于管理控制系统性质、管理控制环境和管理控制程序的比较健全的理论体系,也为实务界提供了很好的可供借鉴的应用模式。

(2) 控制杠杆框架

20 世纪 90 年代以来,组织面临的不确定性问题开始成为管理控制的研究重点。Simons(1995)提出了由信仰控制杠杆(系统)、边界控制杠杆(系统)、诊断控制杠杆(系统)和交互控制杠杆(系统)构成的管理控制系统框架。其中,信仰控制杠杆(系统)旨在激励和指导组织成员探索、发现并且追求组织的核心价值;边界控制杠杆(系统)为组织成员的行动设定了边界,明确规定了组织成员的"行为禁区",以实现组织的风险规避,除此之外成员可以做任何正确的事以达到组织目标;诊断控制杠杆(系统)关注绩效的评价以及标准绩效的差异,以一种类似"诊断"的方式实现组织目标;交互控制杠杆(系统)旨在使组织目标能够随时和外界变化的环境相适应,从而使组织的注意力集中在战略不确定性上,这样管理控制系统在战略形成过程中也能够发挥作用。Simons 的 4 种"控制杠杆(系统)"将信息沟通和反馈控制融入管理控制系统,是对以往管理控制系统框架研究的一个很好的补充,但该系统框架虽然强调战略,却未指出 4 种控制杠杆(系统)是如何交互发挥作用的。

由于其相关概念在不同的文献中被赋予不同的定义,Simons 的控制杠杆框架在提出之后便遭到了研究者的质疑。Tessier 和 Otley(2012)将控制杠杆框架中的要素进行了重组,并明确了它们的定义,提出了修改后的控制杠杆框架。该框架包含两类角色——管理者和员工,主要用于研究前者。管理者是进行管理控制的主体,要对如何进行管理控制做出选择。修改后的分析框架中管理者的选择包括以下 3 个层次。①控制的类型:人际型和技术型。其中,人际型控制侧重于用企业文化和价值观影响员工,技术型控制侧重于用实质性的要求和制度影响员工。②控制的目标:绩效和合规。其中,绩效指企业价值创造的目标,合规指企业保护自身价值防范风险的目标,这两种目标在战略层面和运营层面上进一步组合形成四大控制系统,即运营绩效系统、战略绩效系统、商业行为边界(运营边界)和战略边界。③其他选择,如控制的使用方式(交互和诊断,在框架中仅表示控制的强和弱)、控制的作用〔使能(enabling)和约束(constraint),使能性控制手段激发员工的创造力,约束性控制手段限制员工行为的不确定性〕、控制的相应结果(奖励和惩罚)。此外,修改后的框架还研究了员工,员工会对管理者使用的管理控制手段进行感知,对其持正面、负面或中立的态度。

(3) 绩效管理框架

Otley(1999)在现有文献和其研究经验的基础之上,为管理控制系统的运行提出了一个框架,该框架强调 5 个中心问题:①关键组织目标的识别,以及评价这些目标实现程度的过程和方法;②形成和实施战略计划的过程,以及与之相关的绩效衡量和评价过程;③设定目标值的过程和目标值的水平;④组织采用的激励系统以及实现或未实现绩效目标的结果;⑤用来监督绩效、促进学习的信息流的类型。该框架对于分析管理控制系统非常有用,因为它从整体上考虑了管理控制系统的运行,且包含了广泛的绩效问题,有助于对管控机制形成全面的认识。但该框架也存在一些局限性:愿景和使命是控制过程的关键要素(SIMONS,1995),但是该框架并没有考虑它们;该框架未充分考虑战略因素,只关注了诊断控制,忽视了交互控制;该框架没有考虑绩效管理系统各组成部分之间的联系(STRINGER,2007;MALMI et al.,2009)。

Ferreira 和 Otley(2009)扩展了 Otley 框架,并将扩展框架命名为绩效管理系统。他们认为,绩效管理系统应包含演变中的正式和非正式机制、流程、体系和网络,以便于组织使用绩效管理系统传达管理层确定的关键目标,通过分析、计划、衡量、控制、奖励和多方位的绩效管理支持战略和运营,以及支持和促进组织学习和变革。该绩效管理系统框架包含12个要素,即使命和愿景、关键成功因素、组织结构、战略和计划、关键绩效指标、目标值设定、绩效评价、激励机制、信息流、系统和网络、系统的应用、系统的变革、优势和一致性。该分析框架中的一些要素是新增加的,另一些是对 Otley 框架中的5个要素的细化。Otley 框架未考虑运营因素,也未指出要素间的关系,而 Ferreira 和 Otley 的绩效管理系统提供了一个更为详细的"清单",可以用来检查管理控制系统设计的主要方面。

(4) 闭环式管理系统框架

Kaplan 和 Norton(1992)定义了平衡计分卡(BSC),并在此基础上构建了连接战略和运营的闭环式管理系统框架。该闭环式管理系统框架是一套联结战略制定、规划和运营的综合、完整的管理体系,这个体系主要包含了6个阶段:制定战略、规划战略、组织协同、规划运营、监控与学习、检验与调整。在该系统中,每个阶段都包括一系列企业需要关注并解决的典型问题,企业可以通过这样一套综合的"六阶段"管理体系,以闭环的系统整合所有的管理工具,来帮助企业实现自身的战略目标。Kaplan 和 Norton(2008b)提出的战略执行流程和组织架构代表了一种新的管理方式,并且通过理念、案例和方法论的结合,阐述了以平衡计分卡为核心、将战略与运营相结合的管理体系,该系统通过战略地图来描述战略目标之间的因果关系,体现了交互控制对战略更新的影响。该框架提供了一个更好地把握未来方向并切实可行的管理流程,这一流程始于战略制定,历经5个环环相扣的阶段,使战略与运营无缝衔接(KAPLAN et al.,2008b)。但是,Kaplan 和 Norton 的研究成果多来自国外企业的实践经验,而中国企业应用平衡计分卡框架的过程和效果有待研究。

(5) 管理控制系统工具包框架

近年来,研究者开始讨论管理控制系统的各个部分之间的联系(OTLEY,2016)。根据 Malmi 和 Brown(2008)的观点,预算管理系统或战略地图和平衡计分卡可以被归为一种管理控制系统(Management Control System,MCS)。而 Merchant 和 Van der Stede(2007)认为,多个管控机制的组合也应该被称为一个管理控制系统。鉴于此,管理控制系统可以被看作"工具包"(package),其中包含多种管控机制(MALMI et al.,2008)。在这种工具包视角下,Malmi 和 Brown(2008)提议后续研究应进一步探讨管理控制系统工具包的组成部分之间的关联。然而,目前将战略规划流程视作管理控制系统的一个组成部分并考察其与其他管控机制之间联系的研究并不多见。

(6)权变理论下的管理控制系统研究

根据权变理论,管理控制系统的设计应该与企业所处的环境相匹配,因此普适性的设计并不存在。以往研究考察了不同因素对管理控制系统的影响,主要的研究问题包括绩效评价指标、环境不确定性、战略和文化(OTLEY,2016)。不同的研究主题之间存在广泛的联系。例如,Hopwood(1972,1974)发现,过度依赖会计绩效指标会给组织带来一系列负面影响。Otley(1978)的研究进一步指出,企业内部环境中业务单元的相互依赖程度是引发上述现象的权变因素。Abernethy 和 Lillis(1995)发现,工作任务的不确定性增加了企业生产活动的灵活性,进而降低了其对会计绩效指标的依赖。Gordon 和 Narayanan(1984)发现,环境不确定性是影响信息系统和组织结构的重要因素。Adler 和 Chen(2011)发现进攻型战略与合作型文化相匹配。因此,管理控制系统工具包视角为后续的管理控制系统研究提供了重要参考,未来的研究应更多地考察不同管控机制之间的联系,以及相互联系的管控机制如何与企业的内外环境匹配。

2.2.2 战略地图和平衡计分卡

1. Kaplan and Norton 的平衡计分卡文献

哈佛商学院教授 Robert S. Kaplan 和复兴战略集团总裁 David P. Norton 对平衡计分卡框架进行了广泛的探讨,并发表了 5 本专著、9 篇文章,他们不仅定义了平衡计分卡,将平衡计分卡的功能由绩效评价拓展到战略管理,而且给出了描述战略的方法与模板,就大型企业运用平衡计分卡做到战略协同的过程做出讨论。

Kaplan 和 Norton 在他们 1992 年的研究(KAPLAN et al.,1992)中考察了 12 家公司的绩效考核模式。在这项研究中他们命名了"平衡计分卡",识别出了 4 个绩效考核维度,即财务、客户、内部流程与学习成长,并阐述了这一工具对于公司的绩效考核带来的多种益处。Norton 和 Kaplan 在他们 1993 年的研究(KAPLAN et al.,1993)中提出,平衡计分卡作为一种管理会计工具,不仅可以进行绩效考核,而且可以运用于战略管理,并指出企业绩效评价指标与战略实施的关键因素应具有一致性。Kaplan 和 Norton 在他们 1996 年的研究(KAPLAN et al.,1996a)中再次强调了平衡计分卡作为战略管理工具对于公司战略实施的重要影响。这项研究引入了管理学思想以及目标管理思维,提出并阐释了平衡计分卡作为战略绩效管理工具的应用框架:设定目标、做出行动方案、分配预算资金、绩效指导反馈、连接薪酬机制。值得注意的是,上述框架的前 3 项反映了战略规划流程中的 3 个重要步骤,即设定目标值、制定行动方案以及编制预算。

Kaplan 和 Norton 的著作《平衡计分卡:化战略为行动》(The Balanced Scorecard:Translating Strategy into Action)总结了上述 3 项研究的成果,并给出了平衡计分卡的 4 个层面:财务、客户、内部流程、学习成长(KAPLAN et al.,1996b)。战略的成果最终反映在财务层面,而其他 3 个层面起到了重要的促进作用。其中,财务层面重点关注股东的利益,关注企业怎样源源不断地为股东创造价值;客户层面则重视客户,思考企业如何为客户创造更多价值使其满意并以此获得收益;内部流程层面强调转向企业内部,思考企业应通过怎样的价值创造过程才能达到目标;学习成长层面则更关注用什么来支持企业流程的改善、价值创造能力的提高。

在后来的管理咨询中,Kaplan 和 Norton(2000)首先让企业的管理层对企业战略进行描述,即对 4 个层面的目标作出清晰表达,然后再帮助企业确定衡量指标、搭建平衡计分卡,最后指出 4 个层面的目标之间存在因果联系,应该用线和箭头连接起来。在各层目标间的因果关系被标注出来后,一张"战略地图"形成了。战略地图的提出意味着绩效指标因果链条成为平衡计分卡的重要特征。

此后,这两位学者又研究了许多实务案例,发现了新的组织形式,即"战略中心型组织"(KAPLAN et al.,2001)。该组织围绕战略组织管理活动,过程中使用了平衡计分卡,从而使组织战略得到有效执行并不断被更新。Kaplan 和 Norton 在其 2001 年的著作《战略中心型组织:平衡计分卡的制胜方略》(The Strategy-focused Organization:How Balanced Scorecard Companies Thrive In The New Business Environment)中提出了战略中心型组织的 5 项原则:①高层领导的推动;

②将战略转化为可操作的表述;③组织围绕战略进行协同;④把战略变为每个员工的日常工作;⑤持续将战略引入管理流程(KAPLAN et al.,2001)。

Kaplan 和 Norton 在其 2003 年的著作《战略地图——化无形资产为有形成果》(*Strategy Maps:Converting Intangible Assets into Tangible Outcomes*)中突出了战略地图的作用,并重点描述了如何绘制具体的战略地图。在模板中,4 个层面分别包含 2 个、3 个、4 个、3 个(共 12 个)战略问题。财务层面的战略问题是营业收入增长和生产率提升;客户层面的战略问题是产品或服务特征、客户关系、企业形象 3 个差异化的客户价值主张要素;内部业务流程方面的 4 个战略问题是运营管理、客户管理、创新管理和社会责任;学习成长层面的 3 项无形资本是人力资本、信息资本和组织资本。该著作中提出了一个等式——突破性成果＝战略地图＋平衡计分卡＋战略中心型组织,即卓越的成效来自对战略的描述、衡量和管理(KAPLAN et al.,2003)。

在此之后,Kaplan 和 Norton 围绕平衡计分卡发表了 3 篇重要的研究。Kaplan 和 Norton 在其 2004 年的研究(KAPLAN et al.,2004)中提出组织对人力资本、信息资本和组织资本的衡量体现了一种"战略准备度",这对战略的成功实施不可或缺,他们还在此基础上进一步论述了战略地图的绘制。Kaplan 和 Norton 在其 2005 年的研究(KAPLAN et al.,2005)中提出战略规划单元是战略实施的领导角色,其工作是确保公司的战略随着竞争环境的变化而变化,促进战略实施。Kaplan 和 Norton 在其 2006 年的研究(KAPLAN et al.,2006a)中以杜邦公司和加拿大皇家骑警的案例阐述了平衡计分卡在促进战略管理实践以及构筑目标、指标和计划方面的重要作用。

Kaplan 和 Norton 在其 2006 年的著作《组织协同:运用平衡计分卡创造企业合力》(*Alignment:Using the Balanced Scorecard to Create Corporate Synergies*)中提出,在大型企业集团中,往往存在多个业务单元和职能部门。大型企业集团想要做到组织协同,有 8 个关键点需要确定:①企业总部的战略定位;②董事会与股东的协同;③公司总部与总部职能部门间的协同;④公司总部与业务单元间的协同;⑤业务单元与业务单元支持部门间的协同;⑥业务单元与客户间的协同;⑦业务单元支持部门与供应商、外部合作伙伴间的协同;⑧业务单元支持部门与公司总部职能部门间的协同(KAPLAN et al.,2006b)。

在此之后，Kaplan 和 Norton 在其 2008 年的研究中进一步拓展了平衡计分卡框架，提出了一个五级闭环管理系统来连接企业的战略和运营策略：第一步，开发一个战略声明；第二步，将其转换成一个有具体目标和计划的战略规划；第三步，将战略规划作为指导，在公司的战略地图上明确实现战略规划的操作计划和资源；第四步，经理人执行战略和运营计划，不断地监控并从内部数据、外部竞争者数据、商业环境情况中了解战略是否是成功的；第五步，经理人定期评估策略，必要时更新或修正战略，然后回到第一步开始新一轮循环（KAPLAN et al.，2008a）。在此基础上，Kaplan 和 Norton 在其 2008 年的另一著作《平衡计分卡战略实践》（*The Execution Premium：Linking Strategy to Operations for Competitive Advantage*）中更详细地讨论了规划、预算、反馈、学习这些内容，提出了战略运营一体化的六大步骤：①制定战略；②规划战略；③分解战略；④规划运营；⑤回顾战略与运营计划执行情况；⑥检验与调整战略。在年度管理工作中，这 6 步构成了闭环管理系统。其中，规划战略又被进一步分为制定战略目标、设计衡量指标、设定目标值、制定行动方案和编制预算 5 个步骤（KAPLAN et al.，2008b）。

在此之后，Kaplan 等（2010）又基于平衡计分卡的战略联盟管理讨论了怎样用平衡计分卡管理系统为企业和联盟伙伴间建立更好的合作关系，用平衡计分卡明确战略、驱动行为的变化，并为战略执行提供一个治理系统。该研究认为企业需要经历分析战略联盟、构建联盟计分卡、绘制联盟战略图、构建协作主题计分卡、建立治理结构 5 个步骤达到上述目的。

2. 战略地图中的绩效指标因果链条

早期版本的平衡计分卡聚焦于使用多个绩效指标管理企业绩效（KAPLAN et al.，1992），这些绩效指标被划分为 4 个层面（财务、客户、内部流程、学习成长），从而提供一种更加"平衡"的绩效观。在此基础上，Kaplan 和 Norton（2000）将战略地图与平衡计分卡结合。战略地图是一个战略目标体系，它将企业的战略目标分为财务、客户、内部流程及学习成长 4 个层面，并认为 4 个层面之间存在假定的因果链条——学习成长层面战略目标的实现会影响内部流程层面战略目标的实现，进而影响客户层面战略目标的实现，并最终影响财务层面战略目标的实现。相应地，平衡计分卡是一个四维层面的绩效指标体系，每个绩效指标都是对特定战略目标的衡量；而战略地图及其提供的因果链条被认为有助于将战略转化为行动,使平衡计分卡成为定义战略目标的工具和在组织内沟通战略、评价战略的工具(Kaplan et al.,2000)。

　　Kaplan 和 Norton(2001)提出的平衡计分卡框架中包括两项与管理者理解和使用信息有关的关键元素:①战略地图中具有因果联系的战略目标;②按平衡计分卡概念划分的4个维度(财务、客户、内部流程和学习成长)绩效指标。尽管这两个元素均被用来反映组织战略,但它们以不同的方式构建了不同的信息框架(如战略地图中的战略目标和平衡计分卡概念架构下的绩效指标)。在此之后,平衡计分卡框架转变为"一个四维度描述组织战略的模型",它从4个层面对组织的绩效指标进行分类,所有的这些指标都反映了对战略十分重要的绩效领域,而战略地图则是对战略目标之间以及关键绩效指标之间因果联系的视觉呈现(KAPLAN et al.,2004)。借助于这些因果链条,战略目标形成了战略主题,如成长和生产力(KAPLAN et al.,2006b;KAPLAN et al.,2008b),每个主题都包括了4个维度下存在因果联系的战略目标(KAPLAN et al.,2008b)。

　　以往的研究认为,个人的认知是随着管理者接触环境而形成的思维架构,它支撑理解、推理和预测(BOGNER et al.,2000;MARKMAN et al.,2001;HAMMERSLEY,2006);这个思维架构可以被看作一组在某一明确的决策背景下创建的用来储存和检索信息的"储存槽"(MARKMAN et al.,2001;KADOUS et al.,2004),其中的每一个储存槽都允许个人缓存信息,并在需要时检索已完成的各项任务(MARKMAN et al.,2001;KOLE et al.,2007)。一个问题或者一组信息的呈现方式会影响个人的认知表现,并因此影响他们随后的判断(MARKMAN et al.,2001)。例如,Kadous 和 Sedor(2004)发现,为处理相关信息而指派顾问人员的做法可以鼓励管理者形成一定的认知,并促使他们检索相关的项目信息,进而改进随后的项目评价判断。

　　Cheng 和 Humphreys(2012)认为,管理者的认知形式会受到战略绩效评价系统的影响;进一步地,平衡计分卡框架中的战略目标、绩效指标因果链条与四维层面指标划分会促使管理者形成与同一战略相关的不同认知形式。管理者的认知形式使他检索自己所了解的有关组织的战略信息,以解释来自外部环境的战略信号。特别地,当管理者考查战略地图时,他们所形成的认知形式为基于战略目标的因果链条连接在一起的思维储存槽(战略主题)。这些思维储存槽会组织并缓存管理者收集到的信息(MARKMAN et al.,2001)。这种基于战略地图而形成的认知形式被称为"战略地图认知形式"(CHENG et al.,2012)。此外,有研究者预期,在管理者看到按四维层面概念分类的绩效指标后,会构建出另外一种组织战略的认知形式,这种认知形式由与4个平衡计分卡层面相对应的思维储存槽组成。这样,每个思维储存槽都与某一个绩效领域相对应(如客户维度的思维储存槽包括与客户有关的指标和成果)。这种认知形式也因此被称为"平衡计分卡认知形式"。Cheng和Humphreys(2012)的研究发现,"战略地图认知形式"和"平衡计分卡认知形式"均能独立地促进管理者对战略的判断,但并未发现两者的结合能够进一步促进管理者的判断。

也有研究者支持战略地图和平衡计分卡的结合使用。一个重要的原因是战略地图提供的绩效指标因果链条有助于管理者克服判断上的"共性指标偏差"(HUMPHREYS et al.,2011)。适应性决策理论认为,在复杂情况下,决策者会权衡最优决策与自身有限的处理能力,尽可能地减少为认知而做出的努力(PAYNE et al.,1993)。与以上理论一致,Lipe 和 Salterio(2000)的研究发现决策者在使用平衡计分卡管理绩效评价系统时会使用"自然简化策略"。这种策略被称为"共性指标偏差",它会使绩效评价更加侧重两部门的共性指标而忽略两部门的个性指标。产生共性指标偏差的一个重要原因是管理者无法理解个性指标对战略的相关性(BANKER et al.,2004;LIBBY et al.,2004)。迄今为止,已有大量研究发现共性指标偏差的存在(LIPE et al.,2000;ITTNER et al.,2003;BANKER et al.,2004;LIBBY et al.,2004;DILLA et al.,2005)。设计平衡计分卡的目的是进行绩效评价,该绩效评价包括与部门战略相关的所有绩效指标(共性指标和个性指标)。需要注意的是,个性指标通常表明每个部门为了战略规划的成功需要做什么(LIBBY et al.,2004)。这就意味着,共性指标偏差的存在导致绩效评价过程中个性指标的应用有限,这削弱了平衡计分卡的潜在益处。将战略转化成一系列绩效指标是包括平衡计分卡在内的战略绩效评价系统的重要特征(BURNEY et al.,2009;CHENHALL,2005)。在平衡计分卡中,战略上相互联系的绩效指标使经理人关注能够正面影响这些指标的活动(KAPLAN et al.,2004;KAPLAN et al.,2006)。因此,为了使战略更加有意义和有可行性,将平衡计分卡中的指标进行战略上的相互联系是必要的(KAPLAN et al.,2008b)。

Lipe 和 Salterio(2000)之后的研究围绕共性指标偏差对平衡计分卡的设计进行了大量讨论。Banker 等(2004)发现,相比于未被注明与战略之间联系的绩效指标,被注明与战略之间联系的绩效指标会对管理者的绩效评价产生更大的影响,但这种效应仅仅发生在管理者获得了业务战略的详细信息的情况下。这意味着,当管理者了解业务战略的详细信息时,绩效指标与战略之间的联系会缓解共性指标偏差。

之后的研究进一步表明,向决策者提供一个简单的模型对信息处理有益(FARRELL et al.,2007;TAYLER,2010)。Tayler(2010)指出向管理者提供的模型应该减少对多重指标评估的认知复杂性。当管理者使用所有指标在战略上相互联系的平衡计分卡时,战略信息能够帮助他们识别每个绩效指标的战略背景(ARIEL,2008;HUMPHREYS et al.,2011)。考虑绩效指标在战略上的因果链条能够降低管理者认知评价任务的复杂性,并且提高参与者使用所有指标的可能性(SLOVIC et al.,1974)。基于这个说法,Humphreys 和 Trotman(2011)推断,如果管理者能够了解所有绩效指标在战略上的相互联系,共性指标偏差就能被消除。他们的实验结果显示,在管理者获得了业务战略信息后,如果绩效指标中仅有一部分被注明战略上的联系,那么共性指标偏差存在;如果所有绩效指标都被注明了战略上的联系但管理者未获得业务战略的详细信息,那么共性指标偏差仍存在;如果所有绩效指标都被注明了战略上的联系且管理者获得了业务战略的详细信息,那么共性指标偏差消失。

综上所述,战略地图的一个重要的特点在于,它揭示了绩效指标与战略目标之间的联系,以及不同战略目标之间的联系(学习成长层面的战略目标如何支持内部流程层面的战略目标,内部流程层面的战略目标如何支持客户层面的战略目标,客户层面的战略目标如何支持财务层面的战略目标,等等),进而向使用者揭示了绩效指标之间的因果联系。这种因果链条会对管理者的判断产生重大的影响(TAYLER,2010;CHENG et al.,2012;HUMPHREYS et al.,2016)。

此外,根据以往文献,管理者并非全知全能,其处理信息的能力和认知能力是有限的(JAMES,1980)。然而,管理者有足够的能力集中注意力,将自己的能力集中用于关注绩效管理系统中的某些特征,这种能够吸引注意力的特征被称为"刺激因素"(stimulus)(MORAY,1967;KAHNEMAN,1973)。正如 Kaplan 和 Norton(1996a)所述,平衡计分卡的设计应能使管理者将注意力集中到关键的绩效指标上。战略目标之间的因果链条正是一个重要的刺激因素(Tayler,2010)。根据 Birnberg 等(2007)的观点,管理会计信息会影响其使用者如何在思想上描绘自己所在的组织,进而影响如何在思想上描绘组织内存在的各类因果关系体系,也就是所谓的"心智模型"(mental model)。管理者的心智模型越准确,其决策绩效越高(GARY et al.,2011)。而战略地图所提供的绩效指标因果链条有助于管理者形成准确的心智模型(HUMPHREYS et al.,2016)。Tayler(2010)聚焦于绩效指标因果链条研究了平衡计分卡对管理者判断的影响(judgmental effect),发现管理者如果参与选择战略计划且使用结合了因果链条的平衡计分卡评价战略,动机推理效应——一种会使人做出不客观评价的效应——就会减弱。绩效指标因果链条不仅会影响管理者的判断,而且会对管理者绩效产生实质性的影响。Humphreys 等(2016)的实验发现,使用结合了绩效指标因果链条的平衡计分卡的管理者会创造更高的长期绩效。

2.2.3 战略绩效评价系统

1. 战略绩效评价系统的概念和应用效果

战略绩效评价系统是由绩效评价指标组成的系统,这些绩效评价指标包括财务或非财务指标、长期或短期指标、内部或外部指标、事前或事后指标。绩效评价系统可以收集、处理和分析定量的绩效信息,并以简洁的形式报告给决策者,从而支持组织决策(NEELY et al.,1995;HENRI,2006;GIMBERT et al.,2010)。战略绩效评价系统是绩效评价系统的一种特殊形式(BISBE et al.,2012)。Bisbe 和 Malagueño(2012)基于以往研究定义了战略绩效评价系统,并指出战略绩效评价系统具有以下特征:①整合了长期战略和运营目标;②提供了多个层面的绩效指标;③针对上述每个层面依次提供了目标、指标、目标值和行动方案;④目标之间或绩效指标之间存在明确的因果联系。平衡计分卡(KAPLAN et al.,1996b)、全面仪表盘(full-fledged tableaux de bord)(BOURGUIGNON et al.,2004)和绩效棱镜

(performance prism)(NEELY et al.,2002)都是典型的战略绩效评价系统(BISBE et al.,2012)。战略绩效评价系统有助于将战略转化为目标和指标,这些目标和指标可以清晰地在组织内沟通,从而促进消除公司战略愿景和运营活动之间的断层(DE GEUSER et al.,2009;KAPLAN et al.,2000),进而在保持组织内战略合力(strategic alignment)的情况下促进权力的下放。

以往的研究已经为战略绩效评价系统对绩效的影响提供了支持性证据。Burney 和 Widener(2007)的调查研究表明,战略绩效评价系统的应用会增加与工作相关的信息,降低感知上的职责冲突和职责模糊性,从而提高绩效。Gimbert 等(2010)的调查研究表明,战略绩效评价系统的应用会带来更高频率的战略制定和更加全面的战略议程。Bisbe 和 Malagueño(2012)的调查研究表明,战略绩效评价系统的应用会正向影响组织绩效,当环境的多变性较低时,战略规划流程的全面性(战略目标、衡量指标、目标值和行动方案所涉及领域的数量)对上述影响关系具有中介效应。然而,如 Chenhall(2005)所述,不同的战略绩效评价系统在本质上存在巨大的差异,有的仅仅是财务指标与非财务指标的组合,而有的能够使运营和战略建立联系。因此,进一步考察绩效评价系统中的特定特征对组织的影响具有重要意义。

2. 战略规划流程

战略规划流程是战略绩效评价系统的重要特征。已有案例证据表明,正式的战略规划流程能够沟通战略,构建共识,使战略方针"合法化"(legitimization),并对组织施加引导和控制(LANGLEY,1988)。此外,已有案例证据还表明,战略规划方式对战略的制定具有重大影响;通过参与战略规划,中层管理者能够形成对战略原则、战略问题和战略目标的认知,在思想上为战略实施做出准备(Vilà et al.,2008)。根据 Kaplan 和 Norton(2008b)的观点,企业应在确立使命、愿景和价值观后进行战略制定(strategy formulation),进而展开战略规划(strategy planning);战略规划可以分为5个步骤:制定战略目标、设计衡量指标、设定目标值、制定行动方案、编制预算。其中,前4个步骤在以往文献中被抽象为战略绩效评价系统中由制定战略目标、设计衡量指标、设定目标值和制定行动方案构成的序列(GIMBERT et al.,2010;BISBE et al.,2012),而第五个步骤可以被视为战略预算的一种形式。

以往研究虽然已经开始关注企业组织的战略管理体系（OTLEY，1999；FERREIRA et al.，2009；TESSIER et al.，2012），但很少针对性地讨论战略规划流程上的差异。例如，以往研究在使用调查问卷捕捉企业战略规划流程的差异时，仅询问企业的绩效评价系统"是否明确包含制定战略目标、设计衡量指标、设定目标值和制定行动方案"，而且仅将其作为衡量战略绩效评价系统应用的观测项目之一，而不进行单独考察（GIMBERT et al.，2010；BISBE et al.，2012）。本书认为，以上做法不能充分捕捉战略规划流程上的差异。第一，战略规划需要形成预算，这在以往的测量方法中并未涉及；第二，以往的测量方法未提及制定战略目标、设计衡量指标、设定目标值、制定行动方案和编制预算这5个步骤在实践中是按照怎样的顺序完成的。正如后文调查结果所示，多数企业组织在战略决策时往往会进行战略目标的制定、衡量指标的设计、目标值的设定、行动方案的制定和预算的编制这5个步骤，但不同企业可能会以不同的顺序进行这5个步骤。这就意味着，尽管企业可能具有相似的战略规划步骤，但战略规划流程仍然存在着明显的差别。

综上所述，以往研究未充分捕捉战略规划流程上的差异，且未充分讨论战略规划流程的差异对企业组织的影响。

3. 绩效指标因果联系

战略目标之间、绩效指标之间存在明确的因果联系是战略绩效评价系统的另一种重要特征（GIMBERT et al.，2010；BISBE et al.，2012）。对于绩效指标因果联系，研究形式并不局限于实验，研究内容也并不局限于平衡计分卡框架下的绩效指标因果链条。以往研究也曾使用调查问卷捕捉组织中的绩效指标因果联系。为了对战略绩效评价系统进行调查研究，Chenhall（2005）使用3个问题和7点Likert量表询问管理者对绩效指标因果联系的感知。Gimbert等（2010）以及Bisbe和Malagueño（2012）的研究沿用了Chenhall的问卷设计。战略绩效评价系统的因果联系并不一定通过诸如战略地图的图表被绘制出来，即使企业并未绘制战略目标或绩效指标之间的因果链条，管理者对因果联系也会有所感知。问卷能捕捉受访者对绩效指标因果联系的感知，这种感知往往体现了受访者对不同战略目标、不同绩效指标以及不同职能之间关系的理解和认识，并不能等同于通过战略地图、杜邦体系等绘制出来的绩效指标因果联系。换言之,尽管一个组织可能没有绘制出绩效指标因果联系,然而管理者仍能对不同绩效指标之间的因果关系有一定的认识。

以往的研究已经为绩效指标因果联系对绩效的影响提供了证据(CHENHALL,2005;BISBE et al.,2012;HUMPHREYS et al.,2016)。尽管绩效指标因果联系可以在战略规划中形成并得到应用(KAPLAN et al.,2008b),但是以往的研究并未充分讨论两者之间的联系。

2.2.4 预算行为

1. 预算目标设定

在许多组织中,编制预算是管理控制系统中一个不可或缺的组成部分。预算被用来激励员工、分配资源和评价绩效(WALKER et al.,1999)。尽管预算控制循环是一个重要且普遍的组织过程,但是研究者对预算管理整体上的成功或失败原因的理解仍然有限(LUFT et al.,2003;SHIELDS et al.,1998)。在大多数企业中,设定预算目标的过程被认为是管理控制的基石(HANSEN et al.,2003)。通过这一过程,组织能够为绩效评价以及各级管理人员和职能部门之间的协同和资源配置奠定基础(FISHER et al.,2002;HANSEN et al.,2004)。

设定预算目标的过程往往涉及组织中各层次的管理者,以及若干连续的步骤和程序(ANTHONY et al.,2007)。这个过程固有的复杂性和综合性对管理者与企业之间的关系有巨大影响。特别地,通过预算编制,企业可以确定正式目标并分配资源,进而确定管理者的职责(HANSEN et al.,2004;HORNGREN et al.,2010)。不仅如此,大量证据也表明,预算实践可以传达出不同的信号,进而影响经理人对企业的感受和态度,因为预算编制过程涉及管理者的意见和投入(SHIELDS et al.,1998;NOURI et al.,1998;KYJ et al.,2008)。例如,Argyris(1952)发现"编制预算过程的某些做法会引发员工对公司的恐惧、怨恨、敌意和攻击性行为",进而这些行为可能会影响员工的产出。

对于预算目标设定过程中每个可辨认的步骤及其产生的影响,以往的研究并未充分讨论。关于预算目标设定,以往的研究主要集中在上下级管理者之间的互动问题上(LUFT et al.,2003)。这些研究通常在检验预算参与程度,也就是在确定预算目标时直属上级管理者授权下级经理人的参与程度,来解释目标设定行为反映的相关问题(BROWNELL,1982;SHIELDS et al.,1998)。上下级管理者的互动嵌入更广泛的预算目标制定过程,但却通常在更高的组织层面被设计和确定。以往的研究已经开始关注预算目标设定过程对企业组织的影响。例如,Kyj和Parker(2008)使用社会交换理论(BLAU,1964;CROPANZANO et al.,2005)考察了"自上而下"或"自下而上"的预算编制法如何影响管理者与公司之间的交换关系。根据社会交换理论,这种交换关系可以是社会性的或经济性的,并且能进一步解释管理者的行为。预算松弛和管理者绩效通常被认为是衡量预算效率的关键(LUFT et al.,2003)。Kyj和Parker(2008)的研究专注于预算松弛和管理者绩效,并表示"自上而下"的预算编制法可以增强管理者与企业之间的经济交换关系,降低预算松弛的程度。相比之下,"自下而上"的预算编制法可以在企业初步设定预算目标时和最终编制预算的谈判过程中,增强管理者与企业之间的社会交换关系,进而产生更高的绩效。然而,"自上而下"的预算编制法和"自下而上"预算编制法仅仅捕捉了预算目标设定过程中的一种特征,不同企业之间的预算目标设定过程可能在多方面存在差异。例如,预算目标设定可能与企业的战略规划之间存在联系,然而以往的研究并未就这一问题展开充分讨论。

2. 预算参与

预算参与是指员工参与确定与自身有关的预算的过程(SHIELDS et al.,1998;CHONG et al.,2002)。作为一种提高绩效的途径,预算参与已经在以往的研究中被大量讨论过(BROWNELL,1981;BROWNELL,1982;BROWNELL et al.,1986;CHENHALL et al.,1988;NOURI et al.,1998)。许多研究者相信,使员工参与预算编制的过程能够正向地影响绩效(ARGYRIS,1952;CHONG et al.,2002)。预算参与能够诱导下属接受并致力于预算目标(ARGYRIS,1952;SEARFOSS et al.,1973;MERCHANT,1981)。不仅如此,预算参与具有的信息功能使其能够向决策者传递下级管理者的私有信息,辅助决策(Earley et al.,1985;CAMPBELL et al.,1986;SHIELDS et al.,1993;NOURI et al.,1998)。

大多数关于预算参与的研究关注管理者对不同程度的预算参与的反应

(SHIELDS et al.,1998)。这些研究考察了管理者在确定预算目标时由直接主管授予的参与程度和影响力(MILANI,1975;BROWNELL,1982;SHIELDS et al.,1998)。参与式预算研究被认为是绩效管理问题研究的经典研究领域,已有很多研究使用认知理论(BROWNELL,1981;CHENHALL et al.,1988;HARRISON,1992,KREN,1992)和动机理论(BROWNELL et al.,1986;GOVINDARAJAN et al.,1986;MILANI et al.,1975)来检验预算参与的直接或间接影响,例如,预算参与对信任(LAU et al.,2001)、公平性(WENTZEL,2002;LAU et al.,2006;RACHMAN,2012)、承诺(NOURI et al.,1998)或与工作有关的信息(KREN,1992)的影响。预算参与也被用来解释预算效率,其中最突出的问题是预算松弛(DUNK,1993;GOVINDARAJAN,1986;LAU et al.,2003;YOUNG,1985)。然而,聚焦于预算参与的研究往往只解决了预算效率和管理绩效的一小部分问题(WAGNER,1994;DUNK et al.,1998;SHIELDS et al.,1998;DERFUSS,2009)。造成这种现象的一个可能的原因是,关于预算参与的研究往往只关注上级管理者与下级管理者这个二元组内部的相互作用(SHIELDS et al.,1998),而预算目标的设定过程跨越了整个组织,预算约束可能来自更高的组织层级,超出了上级管理者-下级管理者二元组的范围(SHIELDS,2005;MERCHANT et al.,2012)。例如,如果一个上级管理者向下级管理者解释其预算请求被拒绝的原因来自公司的其他地方,而不是来自直接上级管理者的酌情处理,则可能引起该下级管理者对公司而不是对上级管理者的负面态度,进而可能导致该下级管理者做出对该公司不利的行为(BIES,1987;BIES et al.,1988;LIBBY,1999)。

此外,Shields和Shields(1998)指出,研究者不应仅关注预算参与产生的影响,还应关注预算参与的先决条件(antecedent)。信息不对称(SHIELDS et al.,1993;KYJ et al.,2008)、工作间的相互依赖性(SHIELDS et al.,1998)、环境与工作的不确定性(SHIELDS et al.,1998)、领导风格(KYJ et al.,2008)以及预算在绩效评价中的应用(KYJ et al.,2008)都是影响预算参与行为的因素。这表明,研究者可以关注战略规划流程等流程的设计对预算参与机制和管理者行为的影响,从而补充现有的预算参与研究。

3. 预算程序公平

预算程序公平理论最早被用来解释过程控制和决策控制在参与式预算中的作

用。Lindquist(1995)从预算程序公平理论出发,解释了参与式预算研究中预算参与与工作满意度和业绩之间关系的不确定性。他通过实验研究发现,如果允许预算参与者在预算设定过程中发表观点(下级管理者话语权,voice),那么其工作满意度和业绩将显著高于那些不被允许参与预算设定的实验者,即使实验者认为最后的预算结果并不公平,上述结论也成立。Lindquist 的发现验证了程序公平理论在预算参与中的作用。Libby(1999)在 Lindquist 的研究基础上提出,企业的资源有限,并不能使所有的预算要求都得到满足,因此预算程序公平在预算分配过程中显得尤为重要。Libby 不仅考虑了下级管理者话语权,还考虑了上级管理者是否对下级管理者就预算问题进行解释(explanation),他发现仅当下级管理者话语权和上级管理者解释(explanation)同时存在时,员工业绩才能显著提高。

Magner 和 Johnson(1995)以政府为样本,采用问卷调查方法,研究分配公平和预算程序公平对组织承诺和信任关系的影响。不同于 Lindquist 以及 Libby 采用下级管理者话语权和上级管理者解释来解释预算程序公平问题的做法,Magner 和 Johnson(1995)采用 Leventhal 等(1980)提出的对预算程序公平度量的方法,发现预算程序公平对组织承诺和信任关系具有显著的影响,即使在控制分配公平的情况下,上述关系仍然成立;但是如果预算程序公平得到了控制,那么分配公平对组织承诺和信任关系就没有显著影响。Magner 和 Johnson(1995)的研究证实了在资源有限的预算过程中,参与人并不主要关注分配结果的公平性,而是更关注分配程序的公平性。该研究第一次发现了在预算领域,预算程序公平的重要性大于分配公平。Wentzel(2002)在 Magner 和 Johnson(1995)的基础上,继续研究预算参与程度与预算程序公平、目标承诺和企业绩效之间的关系。具体而言,Wentzel 以一家公司内部刚刚被削减预算的部门作为研究对象,发现预算参与程度会提高部门经理的公平感,进而促进预算目标完成和提升管理业绩。Lau 和 Tan(2006)则研究了员工的预算参与、预算程序公平、信任与员工工作压力之间的关系,发现预算程序公平是预算参与和员工工作压力的中介变量,即员工的预算参与提高了员工的公平感,从而降低了员工的工作压力。该研究进一步表明预算程序公平在预算中发挥着重要的作用。孙健等(2017)的研究则关注企业信息系统对程序公平的影响,发现信息系统整合会促进程序公平,进而提高企业绩效。

综上所述,以往对于预算程序公平影响因素的研究往往聚焦于预算参与,因此对其他影响预算程序公平的因素的研究尚不丰富。

4. 预算目标承诺

预算目标承诺是指实现目标的决心(LOCKE et al.,1981)。根据早期对目标设定的研究,预算目标承诺的一个重要影响在于,它能够调节目标难度和绩效之间的关系:目标难度较高且预算目标承诺较高时会产生较高的绩效(KLEIN et al.,1999)。以往的实证研究为预算目标承诺的调节效应提供了支持。早期的实地研究的结果表明,缺乏预算目标承诺可能会导致产出受限(TAYLOR,1911;MATHEWSON,1931)。Erez 和 Zidon(1984)的实验研究发现,当目标难度增加到一定程度时,被试者对目标的承诺会降低,从而导致绩效降低。Klein 等(1999)基于对以往文献的分析提出,预算目标承诺对绩效影响的主效应是存在的(平均而言,预算目标承诺会影响绩效),且这种效应受目标难度的调节。总而言之,理论和大量的经验研究支持了预算目标承诺和绩效之间的关系(LOCKE et al.,1988)。然而,也有研究未发现支持目标承诺对绩效影响的证据(FROST et al.,1976;YUKL et al.,1978)。预算目标承诺和绩效之间也有可能呈现出负相关性(LOCKE et al.,1984),一方面是因为一些高水平的绩效是由高难度的目标引导的,而当目标难度过高时,目标可能更难以被人接受,因此导致预算目标承诺较低(LOCKE et al.,1988)。

以往的研究已经表明,管理者权威的多个方面会影响预算目标承诺,如上级管理者的现场存在(RONAN et al.,1973)、上级管理者为预算目标提供的支持(LATHAM et al.,1975)、下级管理者对权威的信任(EARLEY,1986)、上级管理者施加的压力(HALL et al.,1971;ANDREWS et al.,1972)。预期是影响预算目标承诺的重要内因(LOCKE et al.,1988)。个体会评估自己能否做好某一项工作,进而在行动上做出选择(VROOM,1964;DACHLER et al.,1973)。以往的研究表明,对于客观上难以实现的目标,目标承诺是较低的(HANGES et al.,1987;LOCKE,1982;LOCKE et al.,1984)。然而,也有研究表明,即使是不可能实现的目标,短期内也能带来较高的绩效(LOCKE,1982;GARLAND,1983)。参与度是另一个常被以往的研究提及的预算目标承诺的影响因素(LOCKE et al.,1988)。已有研究为参与度对预算目标承诺的影响提供了证据(FRENCH et al.,1966;

EREZ et al.,1985),但也有大量研究的证据不支持这种影响关系(LATHAM et al.,1978;DOSSETT et al.,1979;LATHAM et al.,1979;LATHAM et al.,1982a;LATHAM et al.,1982b;LATHAM et al.,1983)。

5. 预算松弛

预算松弛长期以来都是管理会计研究者关注的问题(DUNK et al.,1998)。预算松弛是指管理者故意设定低于预期水平的绩效指标的行为(CHOW et al.,1991)。研究表明,预算松弛在组织中十分常见(MERCHANT,1985;MERCHANT et al.,1989)。一些研究者认为,作为对不确定性的缓冲,预算松弛可能是有益的(Merchant,1989)。但更多的研究者认为,预算松弛对组织存在负面影响,它会造成管理者的不勤勉、企业资源配置不当和管理者偏颇绩效评价的(LOWE et al.,1968;KREN et al.,1988;DUNK et al.,1998)。鉴于预算松弛潜在的不良后果,大量的研究已经试图识别预算松弛出现的条件以及控制它的方法。单周期的代理理论模型经常被研究者使用,并且分析结果通常表明,当实现预算目标在绩效评价中非常重要,即存在预算强调(budget emphasis),且管理者拥有并参与设定私有信息的预算目标时,预算松弛水平是最高的(YOUNG,1985;CHOW et al.,1991)。为了降低预算松弛水平,研究者提出了"真实诱导"(truth-inducing)的激励计划(WEITZMAN,1976)。代理模型也支持了真实诱导的激励计划可以有效地降低预算松弛水平的观点(CHOW et al.,1988;WALLER,1988)。

虽然代理理论模型已经深入研究了影响预算松弛产生的因素,从组织环境中得到的证据并不能支持代理理论框架的普适性。首先,尽管代理理论研究的分析具有合理性,但真实诱导的激励计划在实践中很少被应用(DUNK et al.,1998),原因之一是,组织中存在能更有效地降低预算松弛水平的控制手段。其次,几项调查研究发现了预算松弛的产生(budget slack creation)和预算强调之间的负相关关系(MERCHANT,1985;DUNK,1993;VAN DER STEDE,2000)。这些证据与单周期代理理论的研究相矛盾。单周期代理理论表明,当预算对于管理者个人的绩效评价很重要时,预算松弛水平是相对较高的(YOUNG,1985;WALLER,1988)。以往的研究表明,即使在传统的具有松弛导向的激励计划下,管理者也并不会最大限度地制造预算松弛。例如,在 Waller(1988)的实验研究中被试者将他们的预算目标设定在平均预期绩效的80%;Chow等(1988,1991)发现了类似的结果。在松弛导向型的报酬方案下,相对有限的预算松弛是一种有趣的现象,因为它违反了基本的代理理论假设。研究者推测这种行为反映了道德的影响,如个人人格高尚(CHOW et al.,1988)或舞弊规避意识强(CHOW et al.,1991)。与这些猜测一致的是,Frederickson和Cloyd(1998)发现,在松弛导向型报酬方案下,道德是使员工不设置零预算的最重要的原因。声誉也能够为预算松弛提供解释。Webb(2002)的研究发现,管理者保持良好的声誉能够降低预算松弛水平,预算差异调查政策的存在也能够降低预算松弛水平。这一发现意味着,在实际环境中,在对成本和效益的考虑下,对声誉的关注和控制系统的特征可以成为复杂的真实诱导的激励计划的替代品。管理控制系统的设计也对预算松弛有影响。Kyj和Parker(2008)的研究专注于预算松弛和绩效管理,并表明"自上而下"的预算编制法可以增强管理者与企业间的经济交换关系,这种交换关系通过明确相互提供经济利益和有形资源而被确立。Fisher(2002)发现,将预算用于资源配置和绩效评价,能够降低预算松弛水平,并且能够提高下级管理者的努力程度和工作绩效;如果上级管理者并不把预算作为资源配置的基础,而将下级管理者的预算和绩效表现等信息通过内部报告体系提供给下级管理者的同事,也能降低预算松弛水平。这些结果意味着,在预算等管理会计实践中,计划(如资源配置)与控制(如绩效评价)两种作用之间的协调配合十分重要。

2.3 以往研究的述评

本书作者基于以往研究的发现归纳出了多种管理控制系统分析框架(SIMONS,1995;Otley,1999;Kaplan et al.,2008;Malmi et al.,2008;Ferreira et al.,2009)。然而,利用这些框架分析企业管理实践的案例并不多见。《管理会计应用指引第100号——战略管理》和《管理会计应用指引第101号——战略地图》分别倡导企业使用战略规划流程和战略地图。关于战略规划流程和战略地图如何引入企业并在企业管控中相互结合而发挥作用,以往文献给出的具体案例十分匮乏。Malmi和Brown(2008)的分析框架强调,管理控制系统中不同管控机制之间的联系和相互作用可以用于深入分析战略规划流程和战略地图在案例企业中发挥作用的过程。

在平衡计分卡框架下,已有实验研究关注了战略地图所包含的绩效指标因果联系对被试者在模拟环境下的管理活动的影响。然而,这些研究往往聚焦于对被试者进行的事后判断,如绩效评价(LIPE et al.,2000;TAYLER,2010;CHENG et al.,2012)和基于历史绩效的决策(HUMPHREYS et al.,2016)。战略地图可以在战略规划流程中运用,帮助企业形成预算(KAPLAN et al.,2008b)。这意味着战略地图所包含的绩效指标因果联系对于管理者的事前规划活动也有可能产生重要影响。以往的研究已经为管理者参与战略规划对管理者预算目标设定的影响提供了经验证据(BAERDEMAEKER et al.,2015)。但战略规划流程和绩效指标因果联系对预算目标设定的影响并未得到充分讨论。

在战略绩效评价系统的应用过程中,管理者需要依次确定战略目标、衡量指标、目标值、行动方案和预算(KAPLAN et al.,2008b;GIMBERT et al.,2010;BISBE et al.,2012)。但以往的研究并未充分讨论使用这种战略规划流程会给企业管理带来怎样的效果。战略规划流程具有明显的程序性,且与预算编制联系紧密。预算程序公平是一个与预算相关的重要概念。然而,以往的研究并未充分讨论制定战略目标、设计衡量指标、设定目标值、制定行动方案和编制预算依次排列而成的战略规划流程能否给企业带来预算程序公平。此外,预算目标设定、预算参与、预算目标承诺和预算松弛等预算行为长期以来受到研究者的广泛关注。然而,鲜有文献讨论战略绩效评价系统和绩效指标因果联系对预算行为的影响。

第 3 章　战略规划流程、绩效指标因果联系与企业预算管理

3.1　引　　言

近年来,实务界愈发重视战略管理及其与预算管理之间的联系。2017 年 9 月 29 日,财政部发布了 22 项管理会计应用指引,其中包括《管理会计应用指引第 100 号——战略管理》和《管理会计应用指引第 101 号——战略地图》。前者倡导企业进行战略规划;后者倡导企业应用战略地图以明确战略目标之间及关键绩效指标之间的因果联系,辅助战略实施。22 项管理会计应用指引中还包括《管理会计应用指引第 200 号——预算管理》,其中提到企业预算管理应以战略目标为导向,整合预算与战略管理领域的管理会计工具方法,强化预算对战略目标的承接分解。那么,企业应以怎样的流程开展战略规划？如何引入战略地图从而理清绩效指标因果联系？战略规划流程和包含绩效指标因果联系的战略地图又会对企业的预算管理产生什么影响？这些问题值得进一步研究。

战略规划长期以来受到研究者的关注(NEWTON,1982;BISBE et al.,2012)。战略规划作为一种审慎的、规则性的方法,可以用于指导一个企业的决策和行动(BISBE et al.,2012)。基于战略地图和平衡计分卡的研究,Kaplan 和 Norton(2008b)进一步提出了闭环式战略管理体系,该体系描述了企业战略管理循环的 6 个阶段:①制定战略;②规划战略;③分解战略;④规划运营;⑤监督和学习;⑥检验

和调整战略。Kaplan和Norton(2008b)认为战略规划阶段又可以分为5个步骤——制定战略目标、设计衡量指标、设定目标值、制定行动方案、编制预算,这些步骤为战略地图在战略规划中的应用提供了清晰、完整的思路。一个企业想要长久地生存与发展,需要有其自身的战略规划,而这个规划应当通过科学合理的流程清晰地确定下来,且应当是非口头式的、正式的战略规划。斯坦纳(2001)认为,正式战略规划是指企业系统地、正式地确立意图、目标、政策和战略,并制定详细计划加以实施,从而实现组织目标的过程。当企业的战略规划流程是一套详尽的管理办法,且有一套明确的规则支撑,而不仅是以口头或惯例形式存在于企业中时,我们就可以认为该企业形成了正式战略规划流程。20世纪70年代,欧美企业开始逐渐采用正式战略规划流程,在此后的一段时间里企业战略规划的职能经历了兴衰交替的摇摆式发展(武亚军,2007)。Kaplan和Norton(2001)提出了战略中心型组织五项原则:①高层领导的推动;②将战略转化为可操作的表述;③组织围绕战略进行协同;④把战略变为每个员工的日常工作;⑤持续将战略引入管理流程。这意味着企业应当形成正式的战略管理流程,其中包含正式战略规划流程。以往研究也表明,企业的战略制定和实施活动倾向于结构化和正式化(BHIMANI et al.,2007)。然而,对于结构化和正式化的战略规划流程对企业管控带来的影响,以往研究的发现十分匮乏。

绩效指标因果联系在企业中的一种典型的表现形式是战略地图。战略规划是由具体的指标体现的,通过战略规划流程确定出体现战略规划的指标,而战略规划指标根据其规模可分层级构成,这必然形成战略指标体系,各层级指标之间以及同层级指标之间都有因果关系,它们相互影响或者相互制约。绩效指标就是战略规划流程所确定的战略指标体系中的关键指标,绩效指标之间存在的相互影响或者相互制约的作用关系到企业战略目标的实现,这些作用就是绩效指标因果联系。战略地图在平衡计分卡的基础上发展形成(KAPLAN et al.,2000)。Kaplan和Norton(1992)提出的平衡计分卡将企业战略划分为财务、客户、内部流程和学习成长4个层面,要求企业在这4个层面上分别设定战略目标,进而确立相应的关键绩效指标,并且兼顾对财务层面绩效驱动因素的衡量恰当地引入非财务指标,从而形成一个综合的战略绩效评价系统。此后,Kaplan和Norton(2000,2003)提出了如何绘制战略地图,将战略地图与平衡计分卡相结合运用于企业战略制定。后续研究(BANKER et al.,2004;BANKER et al.,2011;TAYLER,2010;CHENG et al.,2012;HUMPHREYS et al.,2016)发现,战略地图及其所含绩效指标因果链条明确显示了绩效指标因果联系,能够引导管理者的注意力,进而对管理者的判断和决策产生积极影响。然而,以往研究往往使用实验考察战略地图在模拟环境下产生的影响,而对战略地图在真实的企业中发挥作用的具体过程的发现并不丰富。

预算管理体系是一种基础的管理控制系统(ANTHONY,2003)。财务主导型控制模式是我国集团公司管理控制系统发展的主要模式之一,其基本思路是以企业目标和战略为导向,通过预算、平衡计分卡及流程改进或再造等方法,实现企业效率提高(于增彪 等,2006)。根据 Malmi 和 Brown(2008)的观点,预算管理体系、包含战略规划流程的闭环战略管理体系、战略地图和平衡计分卡都属于管理控制系统(Management Control System,MCS)。而 Merchant 和 Van der Stede(2007)认为,由多个管控机制组合形成的体系也应该被视为一个管理控制系统。鉴于此,管理控制系统可以被看作一个"工具包(package)",其中包含多种管控机制(MALMI et al.,2008)。在这种工具包的视角下,Malmi 和 Brown(2008)提议后续研究应进一步探讨管理控制系统工具包中各组成部分之间的关系。然而,战略规划流程作为企业管控机制之一,目前却鲜有研究考察其作为管理控制系统的一个组成部分与其他管控机制之间的联系。闭环战略管理体系所包含的战略规划流程、战略地图和平衡计分卡以及企业预算之间的关系尚未被以往研究充分讨论。

为了更好地观察正式战略规划流程引入企业的过程,以及理解战略规划流程、绩效指标因果联系和企业预算管理的逻辑关系和相互作用,本章采用案例研究的方法,将华润集团有限公司(以下简称"华润集团")作为典型企业进行研究。2003年,华润集团引入了基于战略的"6S管理体系",其中包含集团内部一致的战略规划流程。同年,华润集团开始在其下属业务单元推广战略地图和平衡计分卡。此后,华润集团的企业规模持续增长,财务绩效保持稳定。种种迹象表明,华润集团已成功地引入并实施正式战略规划流程、战略地图和平衡计分卡,并将其用于合理地制定企业预算,保证了企业的持续发展。由此,本章分析梳理了华润集团管理体系的变革过程,使用扎根理论方法(STRAUSS et al.,1998)分析了案例资料。基于其内部档案、公开信息以及访谈等案例证据,总结出以下3个发现。

① 正式战略规划流程为战略地图和平衡计分卡创造应用环境,使企业更易于应用战略地图和平衡计分卡揭示绩效指标因果联系;

② 战略地图与正式战略规划流程的结合有助于构建战略目标和预算目标之间的逻辑关系,加强企业预算与战略之间的相关性;

③ 战略地图和平衡计分卡能促进战略的分解和实施,但不能充分地帮助管理者选择战略,而基于财务指标的预算约束可作为补充帮助企业在战略实施前确定战略选择的范围。

本章主要的研究贡献有以下3点。第一,正式战略规划被作为学术概念提出以来,很少有研究考察正式战略规划流程对预算管理产生的影响,而本章基于典型案例系统性地解释了正式战略规划流程和战略地图如何影响企业的预算管理,以及如何使预算与战略之间的联系更为紧密,促进战略的有效实施。第二,本章拓展了管理控制系统的研究,将战略规划流程、战略地图和预算分别视作管理控制系统的组成部分,描述了三者相互配合发挥作用的过程。第三,本章的发现有助于研究者理解管理控制系统中各组成部分之间的联系,也能够为实务界人士开展企业战略管理提供参考。案例研究对企业管理的启示在于:管理者应更好地推广《管理会计应用指引第100号——战略管理》,通过制定规则体系规范战略管理流程,从而促进战略地图和平衡计分卡等战略管理工具的应用。

3.2 研 究 设 计

本章采用了探索型单案例研究方法(余菁,2004),其原因如下:第一,本章基于管理控制系统工具包(MALMI et al.,2008)的视角分析管理控制系统中各组成部分之间的关系,以及正式战略规划流程对管理控制系统的影响,而探索型案例研究可以超越已有的理论体系,运用新的视角来分析社会经济现象;第二,本章需要从华润集团管理体系的变革过程入手,针对管理控制系统中各组成部分之间的关系,以及正式战略规划流程对管理控制系统的影响总结出新的发现,而探索型案例研究侧重于提出假设,其任务是寻找(新)理论或是为新理论的形成作铺垫;第三,单案例研究方法有助于揭示案例所对应的经济现象的背景,以保证案例研究的可信度。

以往研究已经开始关注华润集团的管理实践。例如,汤谷良等(2009)的研究指出华润集团的6S管理体系实现了多项管理内容的整合;李娟娟(2014)发现,华润集团内基于平衡计分卡的绩效评价体系之所以取得成功,是因为其与6S管理体系中的其他部分形成了一个相互协调、一体联动的集成化管理体系。黄玥和舒烟雨(2013)认为,6S管理体系涵盖了计划、控制、激励等多方面内容,整合了财务、审计、人事等重要职能,从而避免了不协调的现象,促进形成管理合力。上述研究表明,华润管理体系的整合很可能提高了该体系的有效性。因此,从管理控制系统工具包视角出发将有助于理解华润集团管理控制系统中各个组成部分之间的联系。

3.2.1 样本选择

为了探讨管理控制系统中各组成部分之间的关系,以及正式战略规划流程、绩效指标因果联系对预算管理的影响,本章选取华润集团管理体系的变革过程作为案例进行研究分析。选择华润集团作为案例的原因如下。

① 典型性。华润集团是一家多元化大型企业集团,由国务院国资委进行直接监管。2003年,华润集团引入了基于战略的6S管理体系,其中包含了集团内部一致的战略规划流程。随后的一段时间里,华润集团在其下属业务单元推广战略地图和平衡计分卡,继而又引入5C价值型财务管理体系。在长达十几年的管理体系变革中,该集团逐渐形成了正式战略规划流程,企业规模持续增长,财务绩效保持稳定。华润集团管理体系的变革过程符合本章的研究主题,为本章研究管理控制系统中各组成部分之间的关系,以及正式战略规划流程、绩效指标因果联系对预算管理的影响提供了研究背景与研究条件。因此,华润集团案例具有典型性,可以作为本章的研究样本。

② 可复制性。为实现战略目标,企业愈发关注关于战略规划流程的问题。但是,许多企业的战略规划流程是以口头形式或惯例存在的。而华润集团在经历了若干次管理体系变革后形成了正式战略规划流程,已有一套详尽的管理办法和一套明确的规则支撑,其引入的管理体系、战略地图和平衡计分卡为企业发展做出了巨大贡献。因此,华润集团的管理体系变革过程能够为其他企业提供参考,研究结论在一定程度上可以推广到其他企业。

③ 数据资料丰富性。华润集团与本书作者所在院系有长期合作关系,联系机会较多,因此作者方便进行调研访谈,可以收集充足的数据资料来支撑案例研究,能够保证数据资料获取的可行性、可信性与丰富性。

3.2.2 数据和资料收集

本章属于探索性单案例研究,为获得真实充足的数据资料并保证研究的信度和效度,采用了现场观察、半结构化访谈和二手资料等方式获取案例资料。收集过程包括以下3个阶段。

① 前期准备阶段。本书作者通过长期跟踪华润集团管理体系的变革过程,确定华润集团作为本书的研究样本。本章从华润集团管理体系变革入手,分析管理控制系统中各组成部分之间的关系,以及正式战略规划流程、绩效指标因果联系对企业预算管理的影响,并据此查阅相关资料,制定详细的企业访谈提纲。此后,本书作者根据多次讨论的结果对访谈提纲进行修改完善。

② 实地调研阶段。本案例研究的一手资料获取方式主要包括关键人物访谈、进入企业观察等,二手资料来源于华润集团内部文档资料,如统计年鉴等。从2015年9月到2016年3月,本书作者共对华润集团进行了6次正式调研,其中包括参观华润集团下属一级利润中心华润医药集团总部、华润廊坊(沧州)医药有限公司,对集团中的高层管理者和普通员工进行半结构化访谈,以及获取集团内部文件档案等。调研情况统计如表3-1所示。

③ 补充调研阶段。6次正式调研结束后,对获取的资料进行整理与分析,筛选出符合本书研究主题的数据资料。若在对数据资料做进一步研究分析的过程中发现需要补充完善的部分,本书作者就会通过电话或邮件形式向企业进行求证。

表3-1 调研情况统计

调研开始时间	持续时间	调研内容	访谈对象
2015年9月19日	2天	参观华润医药集团总部 获取企业文档资料	无
2015年10月25日	1天	关键人物访谈	财务部总经理 运营部高级经理
2015年12月20日	2天	旁听汇报会 关键人物访谈	财务部总经理 运营部高级经理 人力资源部副总经理 人力资源部高级经理 员工10人

续 表

调研开始时间	持续时间	调研内容	访谈对象
2016年1月28日	3天	参观华润廊坊医药有限公司 关键人物访谈 获取企业文档资料	项目部负责人 业务部负责人 财务部负责人 运营信息部负责人 大包商 员工5人
2016年2月26日	2天	参观华润沧州医药有限公司 关键人物访谈 获取企业文档资料	项目部负责人 业务部负责人 财务部负责人 运营信息部负责人 员工5人
2016年3月9日	1天	关键人物访谈 获取企业文档资料	财务管理部总经理

3.3 案例描述

3.3.1 案例企业背景信息

华润集团是一个多元化的大型企业集团,其前身是于1938年在香港成立的"联和行"。联和行于1948年改组更名为华润公司,其隶属关系于1952年由中共中央办公厅转为中央贸易部(现为商务部),最终于1983年改组成立了华润(集团)有限公司。自此,企业开始从综合性贸易公司转型为以实业为核心的多元化控股集团。2003年,华润集团归属国务院国资委直接监管,被列为国有重点骨干企业。2000年以来,华润集团逐渐形成了当前的业务格局和经营规模,主营业务涉及大消费(零售)、综合能源、大健康(制药、医疗)、产业金融等;集团下设7个战略业务单元、17家一级利润中心,1987家实体企业,42万名在职员工;其直属企业中有6家在港上市,其中华润电力和华润置地均为香港恒生指数成份股。华润集团2015年度考核评级为A级,2013—2015年任期考核评级为A级,被国资委授予"业绩优秀企业"称号。在《财富》杂志公布的2022年全球500强排名中,华润集团位列第70位。

3.3.2 6S管理体系

"6S管理体系"是华润集团的核心管理体系,是一个由6套系统性管理办法(战略规划体系、商业计划体系、管理报告体系、业绩评价体系、内部审计体系和经理人考评体系)形成的管理模式。根据内部文件,华润集团对6S管理体系的定位如下:

"该体系要融合华润的管理思想,承载华润的管理积累,成为华润的管理资源,代表华润的管理水平……要成为独具特色的多元化企业管理工具,用以传承华润的经营管理之道,要强化战略导向与战略主线,强化各个体系的互动关系和整体一致性。"

20世纪90年代中期,华润集团开始从综合性贸易公司逐渐转型为多产业的大型控股集团。截至2000年,华润集团已有24家一级利润中心和超过100家二级利润中心。多元化给华润集团带来了挑战,其管理层认为,多元化造成了业务地域分布广、产业差异大、业务相关性低的困难局面,这使得集团公司的管理复杂化。这种复杂性被归纳为3个方面:①集团难以管控各利润中心的业务战略;②集团对各利润中心缺乏统一的绩效评价系统;③集团的信息系统不足以支持从各个利润中心准确及时地获取绩效信息。

为了应对上述问题,华润集团于1998年引入了早期版本的6S管理体系,该体系由6个子体系构成:①利润中心编码体系;②预算体系;③管理报表体系;④审计体系;⑤评价体系;⑥经理人考核体系。2003年,为了倡导6S的战略化导向,改进预算管理、强化战略评价,华润集团修改了早期版本的6S管理体系。类似地,新的6S管理体系由6个子体系构成:①战略规划体系;②商业计划体系;③管理报告体系;④内部审计体系;⑤业绩评价体系;⑥经理人考评体系。这6个子体系共同构

成了一个以战略规划为起始环节,以经理人考评为最后环节的战略管理循环。华润集团对新版 6S 管理体系的官方定义是:

"6S 管理体系是将华润集团的多元化业务与资产划分为各级业务单元进行专业化管理,并推进各级业务单元战略的构建、落实、监控和执行的一体化战略管理体系。"

如表 3-2 所示,与早期版本的 6S 管理体系相比,新版的 6S 管理体系强调战略导向,将审计、评价与战略联系起来,这也是新旧体系的主要差别。该体系的变化标志着华润集团将管理控制系统的定位从"财务管控模式"转变为"战略管控模式"。财务管控模式关注财务结果,且主要通过年度预算管控。在此模式下,华润集团总部的职能包括批准经营目标和财务支出、监控业绩表现、督促整改低绩效管理团队等,投资回报率是财务管控模式下投资评价的主要指标。战略管控模式则使华润集团在多元化企业管理中,抓住战略主线,以战略为管控基础,在关注财务结果的基础上,兼顾综合竞争优势。在该模式下,华润集团注重利润中心的战略性成就,建立了超越年度的长期评价机制,以及更灵活的、有别于主要依赖投资回报率指标的投资审批机制。集团总部通过扩张有战略意义和增加企业价值的业务、关闭或出售低价值业务,来优化集团的业务组合。

表 3-2 早期版本和新版本的 6S 管理体系对比

早期版本的 6S 管理体系(2003 年以前)	新版本的 6S 管理体系(2003 年以后)
利润中心编码体系	战略规划体系
预算体系	全面预算体系(2003—2007 年)/商业计划体系(2007 年以后)
管理报表体系	管理报告体系
评价体系	业绩评价体系
审计体系	内部审计体系
经理人考核体系	经理人考评体系

1. 战略规划体系

战略规划体系作为 6S 管理体系的起点,被认为是华润集团的"战略构建工具",目的是确立业务单元的发展方向,决定中长期战略目标和重大战略举措。华润集团的战略规划以5年为一循环周期,与中国的五年规划周期保持一致。在制定规划过程中,华润集团的管理者会通过边界条件的预判、商业逻辑的梳理来达成战略共识。该过程有两个主要步骤:第一步是回顾公司业务,第二步是制定公司五年战略规划。公司业务的回顾包括3个内容:①业务模式分析;②预算与关键战略举措执行情况;③关键事项说明。而五年战略规划的制定包含"业务战略"的制定和"职能战略"的制定。其中,业务战略针对战略业务单元(Strategic Business Unit,SBU)或利润中心制定;职能战略针对各个职能部门制定。表3-3展示了华润集团对战略领域的划分情况。表3-4列出了华润集团业务战略的主要内容。

表3-3 华润集团对战略领域的划分情况

分类	模块	描述	责任单位
业务战略	SBU/利润中心业务战略	未来5年的发展目标、路径、里程碑	SBU、一级利润中心、战略部
职能战略	协同机制	利润中心之间的协同机会梳理、协同价值预估和机制建立	战略部、财务部、SBU、一级利润中心
	SBU-职能矩阵式组织架构	集团组织架构的设计,集团、SBU和利润中心各层级管理权限的定义	法律部
	6S管理体系完善	6S管理体系的范围、内容和流程的定义与设计	财务部、战略部、人事部、审计部、信息部
	人才战略规划	与业务战略相匹配的人才计划和人才战略举措	人事部、SBU、一级利润中心
	企业文化战略	对集团文化的系统总结和管理体系建设,集团品牌战略的构建	董事会办公室
	财务战略	财务管理框架的制定,财务风险管控机制的建立,资本结构的设计	财务部
	风险管理机制建设	集团风险管理指引的制定	审计部
	IT战略	集团IT战略规划和IT实施方案的滚动更新	信息管理部

表 3-4　华润集团业务战略的主要内容

类　别	具体内容
战略目标	财务目标
	总体战略目标
何处竞争	产品/服务
	目标客户
	商业模式
如何竞争	竞争战略举措
	支持战略举措
何时竞争	优先排序和时间表
财务回报	评价指标和目标值

2. 商业计划体系

商业计划体系被认为是华润集团的"战略落实工具"。商业计划以年度为循环周期，将战略举措进一步分解，形成战略执行计划、行动方案和全面预算。基于商业计划的完成情况，华润集团的管理者每年都会进行战略检讨和宏观环境分析，并将调整措施落实到下一年的商业计划中。每年年末，华润集团及其 SBU 或利润中心都会编写下一年度的商业计划书。一份典型的商业计划书包括内部经营情况分析、外部宏观环境分析、战略检讨、下一年重点计划、行动方案和全面预算等内容。

3. 管理报告体系

管理报告体系被认为是华润集团的"战略监控工具"之一，用于监控并分析战略执行的过程和结果。华润集团的管理报告以损益表为基础，以行动为线索，以环境、竞争对手为参考，以预算差异分析为重要内容，是一个服务于管理决策且具有前瞻性的报告体系。其主要功能包括：①评价特定选择带来的得失；②报告决策的综合结果；③具体划分权力和责任；④观察行动的效果；⑤区分可控因素与不可控因素；⑥为预测所需要素的假设提供依据；⑦通过财务数据分析运营情况。华润集团的管理者和股东是管理报告体系的两大用户：管理者使用管理报告体系加强对下属 SBU 战略执行情况的分析和监控，以保障战略的有效实施；而股东使用管理报告体系了解各级子公司的运营情况。

4. 业绩评价体系

业绩评价体系用于评价战略执行的过程和结果,被认为是华润集团的"战略执行工具"之一。每年商业计划制定完成后,华润集团都会评价前3年的战略执行情况。根据内部文件,从20世纪90年代末起,华润集团的业绩评价系统开始引入"量化"和"非量化"的非财务指标,以补充基于财务指标和财务预算的绩效考核。访谈中,某财务部管理者举例说明了非财务指标的应用:

"管理下属企业不是仅仅需要财务指标,还需要用非财务指标来衡量几件大事。华润医药集团管理东阿阿胶公司,一定有一些事情是医药集团想让它去做,但财务指标无法考核的。非财务指标针对关键战略主题,如国际化的战略主题。(下属企业)一年内要完成一项国际化合作业务,如果能完成,该项考核分就拿到了。"

华润集团于2003年开始使用平衡计分卡进行业绩评价,又于2007年引入行业标杆和行业排名作为业绩评价的依据,由此形成了当前使用的业绩评价体系。华润集团为业绩评价体系设定了5个基本原则:①业绩第一,价值创造;②战略导向;③兼顾外部和内部;④兼顾结果和过程;⑤兼顾长期和短期。访谈中,某人力资源部管理者这样评价战略地图和平衡计分卡的影响:

"系统施行平衡计分卡之前,领导者对绩效评价指标间的因果逻辑关系的认识比较模糊。一般,做了平衡计分卡的企业的年度预算考核目标与长期战略之间是有因果联系的。华润医药营业收入要增长60%,会分解到每个年度的预算中,分定量、定性两类目标。定量目标的因果关系更直接。"

值得注意的是,调研结果显示,平衡计分卡往往在二级及以下利润中心推广应用,一级利润中心和集团层面并未应用平衡计分卡。对于平衡计分卡尚未在集团层面得到应用的原因,某财务部管理者这样解释:

"战略目标具有很强的专业性,这就意味着战略地图应该在一个很小的范围内运用,而在华润医药集团和华润集团层面,目前还没有一个整体的战略地图。"

5. 内部审计体系

内部审计体系被认为是华润集团的另一种"战略监控工具",主要用于对战略执行的方向、行动方案与战略的一致性、战略执行结果的真实性等项目进行审计,为业绩评价、经理人考核与任免提供依据。

6. 经理人考评体系

经理人考评体系被认为是华润集团的另一种"战略执行工具"。业绩评价结果是华润集团对经理人进行考核奖惩的关键依据。经理人考评体系包括3部分：①战略评价；②发展评价；③晋升评价。在SBU或利润中心，经理人的战略评价与SBU或利润中心的战略评价保持一致。

3.3.3 战略地图与平衡计分卡

2003年，华润集团开始在SBU和利润中心推广平衡计分卡框架，使用"图"（战略地图）、"卡"（平衡计分卡）、"表"（管理报表）3种形式的工具，以补充6S管理体系。表3-5示出了平衡计分卡在6S管理体系中的应用。

表3-5　平衡计分卡在6S管理体系中的应用

6S管理体系	平衡计分卡的应用
战略规划体系	能够独立制定、执行并衡量战略的SBU或利润中心都可以根据自身的竞争战略编制并实施独立的战略地图和平衡计分卡
全面预算体系/商业计划体系	在利润中心推行全面预算管理，将其战略地图和平衡计分卡中所要实现的中长期财务与非财务目标值通过年度预算分解为年度、季度与月度指标，并最终分配到利润中心的每个部门的管理者与员工
管理报告体系	管理报告对战略地图和平衡计分卡进行追踪、回顾，以使集团总部和利润中心及时地监测战略目标与行动方案的执行情况
业绩评价体系	利润中心的业绩评价指标来源于战略地图，并使用平衡计分卡，根据财务、客户、内部流程、学习成长4个维度KPI指标的完成情况来评价利润中心的战略绩效
内部审计体系	集团和各利润中心可以通过审计来保证战略地图、平衡计分卡和管理报表数据的真实性，检查预算完成情况
经理人考评体系	基于平衡计分卡框架设定经理人的绩效评价标准。经济增加值（EVA）和资源的有效利用是绩效评价的核心，评价结果与经理人薪酬激励关联

华润集团的管理者将平衡计分卡框架的"图""卡""表"3种工具的意义归纳为以下4点：①战略地图明确了集团、利润中心、职能部门战略主题的因果逻辑关系，将集团战略目标的管控由事后管理、结果性管理转变为事前管理、战略导向管理；②平衡计分卡将华润的集团管控由原有的"以评价为核心、以集团预算为重心"提升为"以集团战略为核心"，明确了集团管控的本质目的——实现战略目标；③平衡计分卡的"图""卡""表"有助于集团战略管理可视化；④平衡计分卡的"图""卡""表"与业绩评价体系无缝对接，帮助集团构建从战略到绩效的通道，以及战略实施中的责任机制。

3.3.4　5C价值型财务管理体系

在2008年全球经济衰退之后，华润集团的管理层逐渐意识到，之前的投资决策过于关注业务战略，没有充分考虑集团财务资源的稀缺性。于是，华润集团在2009年引入5C价值型财务管理体系，它和6S管理体系并称为华润集团的"管理之道"，是华润集团另一套成体系的管理办法。

根据内部文件，5C价值型财务管理体系是"以资本、资金、资产管理为主线，以资本结构（capital structure）、现金创造（cash generation）、现金管理（cash management）、资金筹集（capital raising）和资产配置（capital allocation）为核心"的财务管理体系。华润集团及其各级子公司在价值创造的过程中，第一应考虑资本的来源、成本和结构比例；第二应通过经营活动将资本转化为有竞争力的产品或服务，实现现金创造，以获得持续增长所需的内部资金来源；第三应通过付息、派息、现金周转、资金集中等方法进行现金管理；第四应通过寻找与资产结构相适配的筹资方案获得持续增长所需的外部资金；第五应通过资产配置动态调整资产组合，以实现公司价值的持续增长，进而完成价值创造的循环。某财务部管理者这样解释引入5C价值型财务管理体系的原因：

"我们不仅要把握业务单元的战略方向，而且要结合价值管理的迫切性，开启管理专业化的尝试，以应对资源约束时代的业务发展需求。"

1. 资本结构

资本结构模块是 5C 价值型财务管理体系的逻辑起点,其目的在于通过降低加权平均资本成本增加公司价值,使资本结构指标趋向并保持在长期目标资本结构指标区间内。华润集团引入了"静态资本结构"(度量方式:总有息负债率=总有息负债[①]/占用资本)和"动态资本结构"(度量方式:现金盈利覆盖倍数=总有息负债/息税折旧摊销前利润)两个核心概念,并且会根据各级子公司是否拥有独立的财务决策权而因地制宜地设置最优资本结构区间。通常,先选取同一行业中价值最大的公司作为标杆,确定最优资本结构区间,再要求子公司通过"存量调整"或"增量调整"的方法改善资本结构。

2. 现金创造

现金创造模块用于管理现金流,其目的在于确保华润集团既创造利润,又创造现金流入。具体管理方法如下:第一,华润集团在考核各级子公司的盈利能力时,会用投入资本回报率(ROIC)对比资本成本(WACC),当 ROIC 高于 WACC 时,华润集团才会判定子公司处于"价值创造区间";第二,华润集团用运营资本管理补充对盈利能力的管理,即在公司层面,运营资本占用率和经营现金流被纳入绩效评价系统,而在公司内部,员工须对自己占用的运营资本负责。

3. 现金管理

现金管理模块对公司现金的流入、留存和流出进行全流程管理,其目的在于确保资金的安全性和流动性,并将多余现金配置到其他高回报的资产类别,从而提高企业资金利用效率,减少对外部融资的需求,降低财务成本。从 2009 年开始,电力、置地、水泥、医药等 SBU 的资金集中管理项目陆续上线。2016 年,华润集团的资金集中管理系统每月对外收、支近 85 万笔,集团内部上收、下拨达 16 万笔。

---

① 总有息负债是指公司需要支付利息的长、短期债务之和,包括银行贷款、债券等,不包括应付账款等非付息债务。

4. 资金筹集

资金筹集模块用于管理融资战略,其目的在于提供可用于公司成长的财务资源从而增加未来自由现金流,并改变资本结构从而降低资本成本。华润集团基于整体战略规划,独自或联合私募股权投资为上市公司并购暂不具盈利能力但具有发展潜力的项目,或投入资金为上市公司(多在香港)拓展新市场、发展新业务。投资项目由上市公司具体负责运营和管理,待项目进入成熟期,且具有一定盈利能力或新业务具备规模化生产条件后,再由集团向上市公司注入资金,这一实践被华润集团称为"孵化注资"。

5. 资产配置

资产配置模块在财务资源的约束下管理资本在不同资产形式间的分配,其目的是通过将财务资源由低效的业务和资产组合流向高效的业务和资产组合,提高资源配置效率和投入资本回报率。华润集团希望通过基于资本预算的资产配置管理,在战略规划指导下,将资产配置到投资回报高的投资项目上,即对回报领先且增长达标的业务优先配置资产(主要为财务资源),并考虑适时处置回报偏低且增长不达标的业务。① 至于其他投资项目,华润集团会依情况做出相应的资产配置。

3.4 案例讨论

根据 Malmi 和 Brown(2008)的观点,管理控制系统可以被看作一个"工具包",其中包括预算管理系统、战略地图、平衡计分卡等多种管控机制。本章梳理了华润集团的几个管理控制机制(6S管理体系、战略地图和平衡计分卡、5C价值型财务管理体系)之间的联系,从管理会计变革入手,基于"工具包"的视角,考察了华润集团管理控制系统中各组成部分之间的关系,以及其对预算管理的影响。

---

① 华润集团基于行业标杆将投入不同业务的资产按投资回报分为回报领先、回报良好和回报偏低3种类别,并按业务的增长率(投资回报增长率)将其分为增长达标和增长不达标两种类别。

3.4.1 管理会计变革过程

华润集团新版 6S 管理体系中的 6 个子系统构成了闭环的战略管理体系,这个系统正式地包含了战略规划、战略实施、战略控制和战略评价功能。进一步观察可以发现,战略规划体系中正式地包含了战略目标、衡量指标、目标值 3 个要素。华润集团于 2003 年将突出预算管理的早期版本 6S 管理体系更新为突出战略管理的新版本。同年,华润集团引入了战略地图和平衡计分卡,以"补充原有的 6S 管理体系"。

华润集团的部分子公司将战略地图和平衡计分卡用于补充 6S 管理体系,并将其与 6S 管理体系一起作为正式的管理规则。2011 年,华润集团的子公司华润医药商业集团进军河北市场,收购了一批当地的医药商业公司,成立了华润河北医药有限公司。成立之初,华润河北医药有限公司便开始应用 6S 管理体系,并于 2016 年开始正式地应用战略地图和平衡计分卡。

在引入战略地图和平衡计分卡后,华润集团的 6S 管理体系发生了进一步的变化。自 2007 年起,6S 管理体系中的全面预算体系被更新为商业计划体系。华润集团有意识地将全面预算整合为商业计划体系的一部分。华润集团的商业计划体系包含两大要素:行动方案和预算。通过年度商业计划书,华润集团正式要求各级子公司每年基于内部经营情况分析、外部宏观环境分析、战略检讨等确定下一年的重点计划、行动方案和全面预算。

从 2009 年开始,华润集团将 5C 价值型财务管理体系加入其管理控制系统。与战略地图和平衡计分卡包含大量非财务指标的特点不同的是,5C 价值型财务管理体系主要依靠财务指标实施管控。纵观华润集团的管理会计变革过程,可以发现新版 6S 管理体系的引入、战略地图与平衡计分卡的引入、全面预算体系的更新以及 5C 价值型财务管理体系的引入具有明显的先后顺序。鉴于此,华润集团管理控制系统中每一项变化之间的联系有待进一步讨论。图 3-1 展示了 2003—2009 年华润集团管理控制系统的变化过程。

第3章 战略规划流程、绩效指标因果联系与企业预算管理

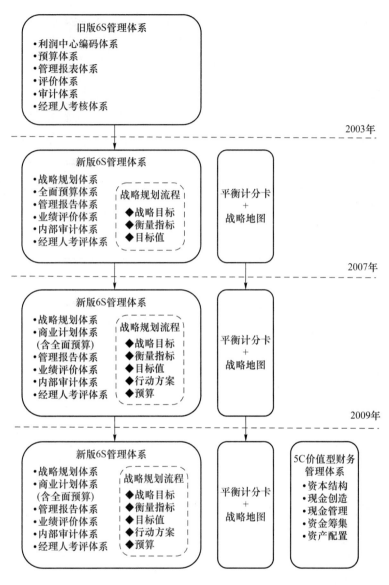

图 3-1　2003—2009 年华润集团管理控制系统的变化过程

3.4.2　扎根理论分析

本章使用扎根理论的方法(STRAUSS et al.,1998)和编码(coding)分析原始资料。编码过程依次为开放式编码、主轴式编码和选择式编码。开放式编码为一级编码。本书作者梳理了访谈、内部报告、内部刊物等原始案例证据,形成条目,将

条目初步聚类并概念化,形成44个子范畴(sub-categories)。主轴式编码为二级编码。本书作者考察子范畴之间的关联,并根据关联将子范畴聚类形成11个主范畴(main categories)。选择式编码为三级编码。本书作者根据主范畴提炼核心范畴,核心范畴应反映案例研究的主题和主要内容,并统领各个主范畴。在11个主范畴中,"正式战略规划流程""战略地图和平衡计分卡应用""基于财务指标的预算约束""预算与战略的结合""子系统间适配"5个主范畴被纳入核心范畴"管理控制"。此外,"市场竞争""非财务指标需求""财务资源稀缺性"被纳入"背景条件"的范畴;"战略的合理选择""战略的有效实施""企业价值提升"被纳入"管控成效"的范畴。基于案例资料的三层级编码体系如表3-6所示。

表3-6 基于案例资料的三层级编码体系

一级编码	二级编码	三级编码
Aa1. 战略导向	Aa. 正式战略规划流程	A. 管理控制
Aa2. 战略分解为预算		
Aa3. 商业计划基于战略		
Aa4. 目标、指标、目标值依次排列		
Ab1. 绩效指标因果联系	Ab. 战略地图和平衡计分卡应用	
Ab2. 高管参与平衡计分卡		
Ab3. 平衡计分卡的推广		
Ab4. 平衡计分卡结合战略和具体工作		
Ab5. 战略地图绘制		
Ab6. 平衡计分卡完善绩效评价		
Ab7. 平衡计分卡融入体系		
Ac1. 资本结构约束	Ac. 基于财务指标的预算约束	
Ac2. 资本成本底线		
Ac3. 财务约束		
Ad1. 预算和战略密切相连	Ad. 预算与战略的结合	
Ad2. 战略落实到预算		
Ad3. 避免预算与战略脱节		
Ae1. 战略地图应用范围	Ae. 子系统间适配	
Ae2. 优势互补		
Ae3. 5C应用范围		
Ae4. 平衡计分卡思想的渗透		
Ae5. 平衡计分卡支撑战略管理系统		

续表

一级编码	二级编码	三级编码
Ba1. 应对竞争	Ba. 市场竞争	B. 背景条件
Ba2. 战略目标反应竞争力		
Ba3. 提高竞争力的需求		
Bb1. 管理的复杂性	Bb. 非财务指标需求	
Bb2. 非财务指标针对关键战略主题		
Bb3. 财务与非财务指标结合		
Bb4. 全面应用财务与非财务指标		
Bb5. 综合各类指标		
Bc1. 资源约束	Bc. 财务资源稀缺性	
Bc2. 资产价格高		
Bc3. 应对资源约束		
Ca1. 优化资产配置	Ca. 战略的合理选择	C. 管控成效
Ca2. 支持投资决策		
Ca3. 并购方案筛选		
Cb1. 弥补现状与战略间的差距	Cb. 战略的有效实施	
Cb2. 达成共识		
Cb3. 调动员工积极性		
Cb4. 保障战略执行		
Cc1. 财务绩效反映战略实施	Cc. 企业价值提升	
Cc2. 基业长青		
Cc3. 并购绩效		
Cc4. 关注价值创造		

1. 核心范畴——管理控制

根据 Anthony(1965)的观点,管理控制可以被定义为在实现组织目标的过程中,管理者确保有效获取资源的程序以及管理者影响组织中的其他成员以落实组织战略的过程。根据这一定义,本章将"正式战略规划流程""战略地图和平衡计分卡应用""基于财务指标的预算约束""预算与战略的结合""子系统间适配"5个主范畴纳入核心范畴,并将这一范畴称为"管理控制"。"管理控制"范畴下的一级编码和二级编码如表 3-7 所示。

表 3-7 "管理控制"范畴下的一级编码和二级编码

原始条目举例	一级编码	二级编码
"(6S管理体系)要融合华润的管理思想,……要强化战略导向与战略主线,强化各个体系的互动关系和整体一致性。" ——内部报告,华润集团	战略导向	正式战略规划流程
"战略目标排在最前面,是长期的;战略目标被分解成预算,预算是一年的。预算以绩效指标为基础,指标一般有营业收入、利润、净资产收益率,设定指标,组成预算。具体到每一项指标,才有目标值。为了实现目标值,制定工作计划。" ——某财务部管理者	战略分解为预算	
"战略分解后,由医药集团财务部和运营部共同发起商业计划书的编制。" ——某运营部管理者	商业计划基于战略	
"实施战略的第一步是将平衡计分卡每一个方面的战略方向细化为一个或几个具体目标(objective)……然后确定能够反映这些行动措施有效实行的关键性指标(KPI),并为这些指标设置目标值(target)……" ——华润集团财务部撰文,集团内刊	目标、指标、目标值依次排列	战略地图和平衡计分卡应用
"系统施行平衡计分卡之前,领导者对绩效评价指标间因果逻辑关系的认识比较模糊。一般,做了平衡计分卡的企业的年度考核目标与长期战略间是有因果联系。华润医药绩效目标营业收入要增长60%,会分解到每个年度,分定量、定性两类目标。定量目标的因果关系更直接。" ——某人力资源部管理者	绩效指标因果联系	
"利润中心、公司层面的指标,高管会参与。华润医药总部、人力资源部推行平衡计分卡制定绩效考核时,非常强调高管的参与。" ——某人力资源部管理者	高管参与平衡计分卡	
"现在集团推行平衡计分卡是建议性的,华润河北医药公司推行得好的原因是公司的一把手有坚定的信念,管控力度大,有一定的管理基础。" ——某人力资源部管理者	平衡计分卡的推广	
"平衡计分卡是将企业战略和员工具体工作相结合的一种结构化绩效管理工具,……" ——华润集团人力资源部撰文,集团内刊	平衡计分卡结合战略和具体工作	

续 表

原始条目举例	一级编码	二级编码
"我们认为,绘制战略地图是应用平衡计分卡的一个重要环节。" ——华润集团人力资源部撰文,集团内刊	战略地图绘制	战略地图和平衡计分卡应用
"业务战略体系开始替代原利润中心编码体系,平衡的多维视角进一步完善业绩评价体系……" ——华润集团财务部撰文,集团内刊	平衡计分卡完善绩效评价	
"……预算体系中开始引入更多的战略思维与长期规划,而这一切都要求BSC更加紧密地融入6S管理体系……" ——华润集团财务部撰文,集团内刊	平衡计分卡融入体系	
"集团总部对主要业务单元设置静态及动态资本结构指标约束值,每半年更新一次。" ——内部报告,华润集团	资本结构约束	基于财务指标的预算约束
"我们现在要定期公布华润集团主要行业的加权平均资本成本,这样,在经理人进行相关决策判断的时候,可以用WACC作为贴现率的底线。" ——集团总会计师访谈,华润内刊	资本成本底线	
"业务单元做项目内部评审的时候,财务约束主要包括风险性、重要性及管治性3个维度及10条判断标准,主要是出于战略财务风险控制的考虑,如果超出约束边界,就需要到集团层面进行决策。" ——集团总会计师访谈,华润内刊	财务约束	
"在施行平衡计分卡的企业中,预算是与战略密切相连的。" ——华润集团财务部撰文,集团内刊	预算和战略密切相连	预算与战略的结合
"企业根据长远的战略目标设定3～5年的规划,再进一步落实到短期计划,从而形成年度预算。" ——华润集团财务部撰文,集团内刊	战略落实到预算	
"在过去的实践中,……预算管理逐渐显现了一些弊端,如预算目标与战略目标脱节……通过引入商业计划书,我们跳出了传统预算思维,重新认识战略,深入思考经济逻辑和生意模式,重新定义了全面预算管理。" ——华润集团助理总经理撰文,集团内刊	避免预算与战略脱节	

续表

原始条目举例	一级编码	二级编码
"战略目标具有很强的专业性,这就意味着战略地图应该在一个很小的范围内运用,在华润医药集团和华润集团层面,目前还没有一个整体的战略地图。" ——某财务部管理者	战略地图应用范围	子系统间适配
"6S(管理体系)深化了损益表的管理,但对资产负债表和现金流量表的管理明显乏力,而5C(价值型财务管理体系)具备这个能力。" ——华润零售副总裁撰文,集团内刊	优势互补	
"华润各个SBU(战略业务单元)总部和一级利润中心拥有5C(价值型财务管理体系)的完整权利,而在下一级的大区层面则没有资本结构和资金筹集权利,只有完整的现金创造权、部分的现金管理权和部分的资产配置权。" ——内部报告,华润集团	5C应用范围	
"1999年……在当时的6S管理体系初步设计时,平衡计分卡的思想已经渗透其中……" ——华润集团财务部撰文,集团内刊	平衡计分卡思想的渗透	
"BSC把长期的战略和评价指标与更具体的战术计划及预算相联系,来支持一个完整的战略管理系统。" ——内部报告,华润集团	平衡计分卡支撑战略管理系统	

正式战略规划是指企业系统地、正式地确立意图、目标、政策和战略,并制定详细计划加以实施,从而实现组织目标的过程(斯坦纳,2001)。案例证据显示,2003年后华润集团的6S管理体系更加突出战略导向,且行动方案和预算均在战略的基础上编制。集团在正式的管理规则中明确,要在战略目标的基础上确立衡量指标、目标值、行动方案和预算。这与Kaplan和Norton(2008b)提出的战略规划的步骤吻合。与上述内容有关的条目和概念被纳入"正式战略规划流程"的范畴。

早期版本的平衡计分卡聚焦于使用多个绩效指标管理企业绩效(KAPLAN et al.,1992),Kaplan和Norton(2000)在此基础上使用战略地图显示战略目标之间以及绩效指标之间的因果链条。华润集团的战略地图和平衡计分卡应用情况与上述特点吻合。案例证据显示,华润集团在下属专业化的业务单元推广战略地图和平衡计分卡,使两者成为6S管理体系的重要组成部分。战略地图的绘制揭示了各个绩效指标在战略上的因果联系。平衡计分卡将战略和具体的工作结合在一起,其"多维"的特点使绩效评价体系更加完备。与上述内容有关的条目和概念被纳入"战略地图和平衡计分卡应用"的范畴。

案例证据显示,华润集团的5C价值型财务管理体系主要依赖财务指标。财务指标主要有两方面应用:一方面应用是精细化管理财务绩效;另一方面应用是为战略方向的选择划定边界,为企业预算确定财务资源底线。例如,集团会根据行业标杆,要求业务单元的有息负债不能超过一定规模,否则在资本预算中难以优先获得资本配置。财务指标反映了:当投资项目风险超出标准时,业务单元就会受到预算约束,无法自主决定投资;投资后,如果项目的回报达不到资本成本底线,集团就会视情况处置项目资产。财务指标在战略选择上的作用体现在先划小管理者的战略选择范围,再通过预算约束排除会给企业价值造成过高风险的战略方向。这与Tessier和Otley(2012)在Simons(1995)控制杠杆理论框架的基础上提出的战略边界控制吻合。与上述内容有关的条目和概念被纳入"基于财务指标的预算约束"的范畴。

根据Kaplan和Norton(2008b)的平衡计分卡框架,预算在战略规划的基础上进行编制。案例证据显示,华润集团在引入6S管理体系后,预算和战略之间的关系与上述思想吻合。以往集团确实存在预算和战略脱节的问题。通过使用商业计划、完善战略规划流程、应用战略地图和平衡计分卡,集团的预算与战略之间的关系更加紧密,年度预算目标由长期战略目标分解得出。与上述内容有关的条目和概念被纳入"预算与战略的结合"的范畴。

根据Grabner和Moers(2013)的观点,管理控制系统适配性(systems fit)包括两个方面:系统与背景条件之间的适配性和系统内组成部分之间的适配性。案例证据显示,如果将战略规划流程、战略地图和平衡计分卡以及基于财务指标的预算约束视为华润集团管理控制系统的子系统,那么这些子系统之间存在明显的适配性。例如,6S管理体系初步实施时并不包含战略地图和平衡计分卡,但其管理流程中却渗透了平衡计分卡的思想,为后来华润集团引入平衡计分卡框架奠定了基础。平衡计分卡框架被引入后,很好地融入并支撑了6S管理体系及其管理流程。

此外,基于平衡计分卡框架的 6S 管理体系以及基于财务指标的 5C 价值型财务管理体系在应用范围上形成互补:前者在专业化业务单元得到深度应用,而后者在集团和一级利润中心层面得到全面应用。与上述内容有关的条目和概念被纳入"子系统间适配"的范畴。

2. 背景条件

一些条目不直接反映管理控制活动本身,而是反映对管理控制活动构成影响的因素。这些条目所对应的主范畴被纳入"背景条件"的范畴,具体包括"市场竞争"、"非财务指标需求"和"财务资源稀缺性"。"背景条件"范畴下的一级编码和二级编码如表 3-8 所示。

表 3-8 "背景条件"范畴下的一级编码和二级编码

原始条目举例	一级编码	二级编码
"制定商业计划需要从深入分析行业发展趋势、研究竞争对手的竞争能力和竞争策略、厘清自身的基本情况入手……" ——华润集团助理总经理撰文,集团内刊	应对竞争	市场竞争
"战略目标体现了业绩目标和市场竞争能力……" ——华润集团助理总经理撰文,集团内刊	战略目标反应竞争力	
"引入来自行业标杆和竞争对手的外部标准,以战略评价体系引导业务单元市场竞争力的提升。" ——华润集团助理总经理撰文,集团内刊	提高竞争力的需求	
"多元化扩张造成了旗下业务地域分布广、产业跨度大、业务关联度低、集团公司管理复杂化的困难局面。" ——内部报告,华润集团	管理的复杂性	
"非财务指标针对关键战略主题,如国际化的战略主题。(下属企业)一年内要完成一项国际化合作业务,如果能完成,该项考核分就拿到了。" ——某财务部管理者	非财务指标针对关键战略主题	非财务指标需求
"华润医药集团对下属利润中心的考核是整体上的考核,包括管理性指标和财务指标。" ——某人力资源部管理者	财务与非财务指标结合	

续表

原始条目举例	一级编码	二级编码
"战略评价体系的各项评价指标是全面的。选择指标时注重过程和结果、财务和非财务、短期和长期、内部和外部的综合平衡。" ——华润集团助理总经理撰文，集团内刊	综合各类指标	非财务指标需求
"如医院智能物流一体化项目，我们必须要考核实施了多少家，进而考核实现的营业收入。" ——某运营部管理者	全面应用财务与非财务指标	
"华润的各业务板块追求高速增长与规模扩张，投资决策基本以业务和战略考量为主，资源约束日益明显。" ——内部报告，华润集团	资源约束	财务资源稀缺性
"2008年金融危机后，全球经济下滑，资产价格却飞速攀升，价值洼地萎缩。" ——内部报告，华润集团	资产价格高	
"我们不仅要把握业务单元的战略方向，而且要结合价值管理的迫切性，开启管理专业化的尝试，以应对资源约束时代的业务发展需求。" ——某人力资源部管理者	应对资源约束	

案例证据显示，华润集团的管理者希望通过战略管理提高企业竞争力，以更好地适应竞争环境。这些需求催生了新的管理办法。例如，集团需要在商业计划中制定竞争策略，需要在战略绩效评价中引入行业标杆。与上述内容有关的条目和概念被纳入"市场竞争"的范畴。

不同于编制传统预算，制定战略既需要使用财务指标，也需要使用非财务指标（BHIMANI et al.，2007）。案例证据显示，华润的多元化经营增加了管理的复杂性，而且一些关键的战略主题需要使用非财务指标反映。面对复杂多变的环境，集团管理者需要结合使用非财务指标和财务指标以管控战略方向。与上述内容有关的条目和概念被纳入"非财务指标需求"的范畴。

业务的战略性扩张很大程度上依赖于投资。案例证据显示，2008年金融危机后，经济下滑而资产价格攀升，华润集团的财务资源相对有限，无法为每一个业务单元的业务战略都提供充足的资金，因此需要在战略方向上做出取舍。与上述内容有关的条目和概念被纳入"财务资源稀缺性"的范畴。

3. 管控成效

基于案例资料的三层级编码体系中还有一些条目反映管理控制对企业的影响，这些条目所对应的主范畴被纳入"管控成效"的范畴，具体包括"战略的合理选择"、"战略的有效实施"和"企业价值提升"。"管控成效"范畴下的一级编码和二级编码如表3-9所示。

表3-9 "管控成效"范畴下的一级编码和二级编码

原始条目举例	一级编码	二级编码
"对与集团发展战略匹配度低且协同效应小的非核心资产，及现有财务资源及组织能力难以支持的资产，提出处置、缓建或择机退出的建议。" ——内部管理制度，华润集团	优化资产配置	战略的合理选择
"(5C价值型财务管理体系)连接财务战略与业务战略，发挥财务在重大投资决策和资产管理中的管控和支持作用。" ——内部报告，华润集团	支持投资决策	
"并购或新设项目时，设置公司资本结构需综合考虑：行业、标杆、盈利能力等。" ——内部报告，华润集团	并购方案筛选	
"……执行并实现战略的过程就是寻找目前状况与战略之间存在的差距(strategy gap)并努力填补的过程，而平衡计分卡恰恰成为保障这个过程实现的有效工具。" ——华润集团财务部撰文，集团内刊	弥补现状与战略间的差距	战略的有效实施
"自己参与对自己指标的制定，心服口服。比如，华润河北医药公司考核下属地级市华润唐山医药公司时，双方一起来制定指标。" ——某财务部管理者	达成共识	
"在实际执行过程中，由于员工自身的经济回报与战略紧密相连，员工的积极性得到调动……" ——某财务部管理者	调动员工积极性	
"平衡计分卡的功效并不局限于绩效管理，它还可以作为战略执行的有效保障。" ——华润集团财务部撰文，集团内刊	保障战略执行	

续表

原始条目举例	一级编码	二级编码
"战略的实现最终会通过不断增长的盈利或投资回报等财务数据予以反映……" ——华润集团财务部撰文,集团内刊	财务绩效反应战略实施	企业价值提升
"6S 管理体系凝聚了华润人的智慧……华润一定会在战略导向下基业长青。" ——华润集团助理总经理撰文,集团内刊	基业长青	
"截至 2015 年 5 月 25 日,按收盘价(57.92 元)计算东阿(阿胶公司)总市值为 378.8 亿元,华润河北医药公司按持股比例计算达 49.65 亿元,10 年内增长 21.6 倍,年复合增长率高达 36%。" ——内部报告,华润集团	并购绩效	
"2015 年,雪花啤酒的回报水平提升,但仍落后于资本成本,未实现创值;华润医药的回报水平虽然下滑,但仍位于创值区间。" ——内部报告,华润集团	关注价值创造	

为管理者搜索战略机遇圈定范围是战略边界管控的重要特征(TESSIER et al.,2012)。案例证据显示,5C 价值型财务管理体系为投资决策提供支持,有助于管理者合理筛选投资方案,使资本得到合理的配置。与上述内容有关的条目和概念被纳入"战略的合理选择"的范畴。

战略地图、平衡计分卡以及闭环战略管理体系的结合使用有助于企业内形成战略合力,帮助企业实施战略(KAPLAN et al.,2008b)。案例证据显示,在 6S 管理体系下,战略地图的使用有助于各层级管理者沟通战略目标,对相应的绩效指标的选取达成共识。绩效指标与战略之间的联系调动了员工提高绩效的积极性。许多管理者都相信战略地图和平衡计分卡为战略实施提供了有力保障。与上述内容有关的条目和概念被纳入"战略的有效实施"的范畴。

管理控制的目的包括价值创造和价值保护(TESSIER et al.,2012),两者均正向影响企业价值。案例证据显示,华润集团应对企业内外环境时采用的管控方法使管理者更加关注价值创造。6S 管理体系和 5C 价值型财务管理体系对企业价值起积极作用。例如,战略实施的效果体现在财务绩效上;战略并购取得令人满意的绩效。与上述内容有关的条目和概念被纳入"企业价值提升"的范畴。

3.4.3 基于案例的发现

案例证据显示,华润集团2003年以前使用的6S管理体系注重预算管理,这种体系主要依赖结果导向的财务指标。自2003年起,华润集团将战略纳入6S管理体系的考察范围,开始采用包含战略规划、业绩评价和内部审计的新版6S管理体系,以应对多元化经营带来的管控复杂性的增加。

面对复杂多变的业务环境,企业会增加对非财务指标的依赖性以应对不确定性(HOQUE,2005)。非财务指标中有许多领先性指标,这些指标需要经过一段时间才能对企业利润产生可观测的影响(KAPLAN et al.,1996b),因此对非财务指标的依赖会促使企业关注长期规划。企业倾向于将战略的制定和实施变得正式化和结构化(BHIMANI et al.,2007),因此对非财务指标的依赖会促使企业将正式战略规划流程整合到管理控制系统中。

案例证据显示,正式战略规划流程为战略地图和平衡计分卡创造了应用环境。在引入战略地图和平衡计分卡的时候,华润集团的战略规划体系已经正式地包括战略目标、衡量指标和目标值3个要素了。战略地图提供了带有因果链条的战略目标体系,并提供了衡量这些战略目标的绩效指标;在平衡计分卡中,绩效指标被设定目标值并被作为绩效评价的基础。为了实施战略,华润集团将整体战略进行分解,使每个业务单元和职能部门都拥有自己需要负责的战略目标。据某财务部管理者描述:"支撑(战略)分解的是商业逻辑与管理原则。"而战略地图反映了学习成长层面的战略目标如何影响内部流程层面的战略目标、内部流程层面的战略目标如何影响客户层面的战略目标,以及客户层面的战略目标如何影响财务层面的战略目标。正是这种因果联系满足了华润集团对"商业逻辑"的要求。企业管理需要使用非财务指标,而大部分非财务指标需要较长的时间才能显示出对企业价值创造的影响,即这些非财务指标短期内对企业的影响很难被财务指标捕捉到。

在企业采用了正式战略规划流程后,非财务指标将反映特定的战略目标,而这些战略目标进而支持由财务指标反映的财务层面战略目标(KAPLAN et al.,

1996b)。案例证据显示,这种关系有助于管理者更好地理解非财务指标和财务指标之间的因果联系。理解绩效指标因果联系是绘制战略地图的基础(KAPLAN et al.,2000),正式战略规划流程为战略地图的使用提供了便利。因此,当企业正式地进行战略规划时,管理者会倾向于应用战略地图和平衡计分卡。基于上述分析,本章总结出第一条发现。

发现1　正式战略规划流程使企业更易于应用战略地图和平衡计分卡。

案例证据显示,引入新版6S管理体系后,华润集团各个业务单元的预算逐渐成为商业计划书的一部分。预算基于商业计划编制,而商业计划基于企业战略制定。战略地图和平衡计分卡显示了战略目标之间的因果联系、绩效指标之间的因果联系,以及绩效指标和战略目标之间的对应关系。战略地图和平衡计分卡有助于管理者基于战略为企业内的各种职能设定恰当的目标值。

正式战略规划流程将战略作为编制预算的基础。而战略地图和平衡计分卡包含绩效指标因果联系(KAPLAN et al.,2000),绩效指标因果联系又包含绩效指标(预算目标)与战略目标的对应关系,以及企业内不同职能的绩效指标(预算目标)因果联系(KAPLAN et al.,2000;CHENHALL,2005)。以往的研究显示,战略地图提供的绩效指标因果联系能够提高管理者的决策绩效(HUMPHREYS et al.,2016)。因此,在正式战略规划流程下使用战略地图,能够使管理者更准确地编制企业主预算和各职能预算,以实现企业的战略目标。基于上述分析,本章总结出第二条发现。

发现2　战略地图与正式战略规划流程相结合使企业加强了预算与战略之间的相关性。

案例证据显示,华润集团于2003年引入战略地图和平衡计分卡作为管理工具。截至2017年,战略地图和平衡计分卡已在华润集团旗下东阿阿胶和华润河北医药等专业化业务单元中得到运用。然而,华润集团并没有开发涵盖集团整体战略目标和评价指标的战略地图和平衡计分卡。

不同业务单元间的战略目标存在差异,用来衡量战略目标的绩效指标以及对应的目标值也不尽相同,因此对比两个及以上业务单元的平衡计分卡,就可以识别出两者的共性指标和个性指标。对于多元化程度较高的集团来说,由于其下属企业各个业务单元之间的战略目标存在较大差异,因此这些业务单元的平衡计分卡会有较多的个性指标。非财务指标更多地反映了业务单元自身的业务特点,因此在相似的财务报告要求下,业务单元之间财务指标的共性比非财务指标更高。以往的研究显示,管理者的注意力是有限的,他们会把更多的注意力放在共性指标上,而不会足够重视非财务指标(LIPE et al.,2000)。因此,战略地图和平衡计分卡更适用于专业化业务单元,而对于多元化程度较高的业务单元,特别是高层级的多元化业务单元,管理者更倾向于使用财务指标体系。

2008年金融危机后,相对于资本价格,华润集团能够获取的财务资源比以往更加有限,实施战略会消耗包括财务资源在内的企业资源。因此,华润集团需要新的管理工具筛选战略。为了满足这种需求,华润集团引入了主要依赖财务指标的5C价值型财务管理体系,该体系中的"资本结构"和"资本配置"提供了筛选机制,两者分别通过行业标杆财务杠杆率和行业标杆投资收益率决定哪些投资提案在预算中能够优先获得财务资源,以及能够获得多少财务资源;"现金创造"被用来在投资后评价和提高项目的现金创造能力;"现金管理"和"资金筹集"则是为了提高有限财务资源的使用效率。

在给定企业总体战略目标的前提下,战略地图和平衡计分卡能够促进企业实施战略。然而,战略地图和平衡计分卡并不能回答"企业应该或不应该实施什么战略"。在这种情况下,企业需要新的管理工具。战略边界控制能够为企业搜索战略机遇划定范围(SIMONS,1995;TESSIER et al.,2012)。具体来说,财务指标可以为企业的投资活动划定边界,使用预算约束等手段可以防止管理者做出低效率的投资决策。基于上述分析,本章总结出第三条发现。

发现3 基于财务指标的预算约束能够帮助企业在战略实施前确定战略选择的范围。

综上所述,竞争使华润集团更加依赖非财务指标,进而使其更加注重战略从而引入正式战略规划流程,战略地图、平衡计分卡与正式战略规划流程的结合加强了预算与企业战略的相关性,从而使基于预算的管理控制系统提升为能够帮助企业实施战略目标的管理控制系统。在解决了战略实施的问题后,华润集团基于财务指标设定预算约束,辅助管理者进行战略选择、配置稀缺的财务资源,进一步促进价值创造。图3-2展示了管控机制之间的关系。

第3章 战略规划流程、绩效指标因果联系与企业预算管理

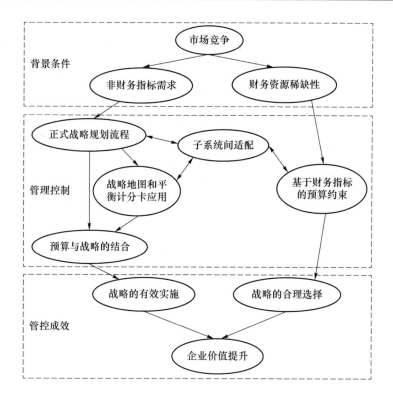

图 3-2 管控机制之间的关系

华润集团的案例分析显示,战略规划流程、绩效指标因果联系、企业预算三者之间有着明显的逻辑关系。华润集团通过引入 6S 管理模式,形成了正式战略规划流程,进而能够产生符合企业实际的正式战略规划。战略规划形成指标体系,体系中的指标被划分为不同层面(财务、客户、内部流程、学习成长),不同层面的指标或同一层面的不同指标之间都存在着因果联系,这种因果联系的典型表现形式就是战略地图。战略规划流程和战略地图的使用使华润集团将战略目标转化为具体的行动方案和预算,集团可以通过逐步完成预算目标最终实现战略目标。此外,华润集团得以不断地实现战略目标并持续发展壮大,其反映绩效指标因果联系的战略地图和平衡计分卡功不可没。随着企业战略目标的不断实现,企业将发展壮大,那么其内外环境中制约发展的因素将增多,尤其是对不断多元化发展的企业,财务资源的制约尤为突出,华润集团的发展就体现出了这一点。基于财务指标的预算约束此时在战略规划流程中发挥作用。企业的财务预算是战略规划流程的最后一个环节,对战略规划起约束和制约作用,能够界定战略规划的选择范围,对战略制定、

绩效指标、目标值、行动方案等项进行约束,使得企业规划发展与条件和资源相匹配。华润集团5C价值型财务管理体系作为6S管理体系的补充,就是根据华润集团公司在不断发展的过程中受到条件和资源制约而制定的,它为企业战略规划的选择划定了边界条件,也为企业预算的制定确定了底线。

总之,战略规划流程构建了企业战略规划,明确了目标值,也明确了绩效指标因果联系,为企业预算指明了方向;绩效指标因果联系体现出战略规划的合理性和有效性,为防止战略和预算的脱节打下了基础,其典型表现形式为战略地图和平衡记分卡;财务预算围绕着战略规划流程的各个环节开展,以战略规划目标值为中心,参照绩效指标因果联系,最终服务于战略规划流程,同时基于财务指标的预算约束对战略规划起到反作用,根据企业发展环境和资源约束为战略规划的选择确定范围,为企业选择战略方向确定边界条件,使企业发展切合实际。由此可见,战略规划流程、绩效指标因果联系、企业预算管理三者之间有着相辅相成的关系。

3.5 本章小结

绩效指标因果联系在企业中的一种典型表现形式是战略地图。本章考察了一个典型企业中战略规划流程和战略地图影响企业预算管理的具体过程。具体而言,本章梳理并分析了华润集团引入6S管理体系、战略地图和平衡计分卡、5C价值型财务管理体系等管控机制的变革过程,为正式战略规划流程的引入以及管控机制之间的关系对预算管理产生的影响提供了解释。案例分析显示,华润集团的迅速成长使其暴露在复杂多变的业务环境下,而环境的不确定性促使其更加注重非财务指标和战略规划。通过引入新版本的6S管理体系,华润集团开始采用正式战略规划流程,企业管理的核心由财务预算转向了战略规划;随着战略地图和平衡计分卡的引入,绩效指标之间在企业战略上的因果联系充分反映出来,突出了预算的战略导向;预算与行动方案的整合,成为新版6S管理体系中商业计划体系的一部分。在管理实践中,华润集团利用6S管理体系实施战略,通过依次确定战略目标、评价指标、目标值和行动方案,建立起预算与战略之间的联系。在此之后,应对财务资源的稀缺性,华润集团又开始使用5C价值型财务管理体系中的财务指标辅助筛选投资战略,并通过编制预算更有效地配置稀缺财务资源。

华润集团的6S管理体系包括战略规划体系、商业计划体系、管理报告体系、业绩评价体系、内部审计体系和经理人考评体系。华润集团6S管理体系中的战略规划体系和商业计划体系分别以"战略构建工具"及"战略落实工具"的作用构成了战略规划流程的5个步骤:制定战略目标、设计衡量指标、设定目标值、制定行动方案和编制预算。其中,战略规划体系构成了战略规划流程的第一个步骤——制定战略目标;商业计划体系中包括"重点计划"、"行动方案"和"全面预算",其中"重点计划"包含战略规划流程中"设计衡量指标"和"设定目标值"两个步骤;商业计划体系体现了战略规划流程中的4个步骤——"设计衡量指标"、"设定目标值"、"制定行动方案"和"编制预算"。

作为绩效指标因果联系在企业中的一种典型表现形式,战略地图使绩效评价指标间的因果关系更加清晰,能够构建从战略到预算的通道以及战略实施中的责任机制。华润集团引入6S管理体系、战略地图和平衡计分卡、5C价值型财务管理体系,有效解决了难以管控各利润中心的业务战略的问题。其中,6S管理体系使用了正式战略规划流程,成为战略构建、落实、监控及执行的工具;战略地图体现了绩效指标因果联系;预算作为商业计划体系的一部分,成为战略落实的工具。华润集团的6S管理体系使用正式战略规划流程和战略规划体系构建战略目标,使用战略地图和平衡计分卡揭示绩效指标因果联系,有助于制定商业计划书中相互关联的衡量指标、目标值、行动方案和预算,以达到落实战略的目的。5C价值型财务管理体系包含了基于财务指标的预算约束体系,能够为资源约束时的业务发展需求提供战略决策。

综上所述,本章总结出3个发现:①正式战略规划流程可以为战略地图和平衡计分卡创造应用环境,使企业更易于应用战略地图和平衡计分卡;②战略地图与正式战略规划流程的结合使用有助于构建战略目标和预算目标之间的逻辑关系,加强企业预算与战略之间的相关性;③战略地图和平衡计分卡能促进战略的分解和实施,但不能充分地帮助管理者选择战略,而基于财务指标的预算约束作为补充可帮助企业在战略实施前确定战略选择的范围。

本案例总结了华润集团在企业预算管理方面发生的变革,这种变革使华润集团不断地发展壮大,究其原因是华润集团有了切合实际的战略规划,而这种战略规划来自企业自身的管理创新,即6S管理体系、战略地图、平衡计分卡以及5C价值型财务管理体系。6S管理体系的引入使华润集团构建了正式战略规划流程;战略地图和平衡计分卡的引入使企业的绩效指标因果联系在正式战略规划流程中得到全面而准确的确定,确保了企业战略规划真正落到实处;5C价值型财务管理体系对6S管理体系进行了补充,进一步使得企业健康发展。华润集团这个案例就是战略规划流程、绩效指标因果联系以及企业预算管理之间逻辑关系的真实写照,因此该案例具有很强的借鉴意义,为《管理会计应用指引第100号——战略管理》《管理会计应用指引第101号——战略地图》《管理会计应用指引第200号——预算管理》的推广实施提供了重要参考。

本章的案例研究揭示了战略管理与预算管理之间的联系,后续章节的研究将进一步考察企业战略规划流程的设计对具体预算行为的影响。

第4章 战略规划流程、绩效指标因果联系与预算目标设定

4.1 引 言

平衡计分卡的出现被认为是管理会计史上最重要的发展之一(TAYLER,2010)。自问世以来,平衡计分卡框架不断演变。早期版本的平衡计分卡聚焦于使用多个绩效指标管理企业绩效(KAPLAN et al.,1992),以提供一种更加"平衡"的绩效观。Kaplan 和 Norton(KAPLAN et al.,2000)将战略地图与平衡计分卡结合,以向使用者展示绩效指标因果链条。以往的研究(刘俊勇 等,2011;TAYLER,2010;CHENG et al.,2012;HUMPHREYS et al.,2016)发现,这种因果链条明确了绩效指标之间的因果联系,能够对管理者的判断产生重大影响。然而,现有的文献往往聚焦于绩效指标因果链条对管理者判断的事后影响,很少讨论其对事前的目标设定行为的影响。

Kaplan 和 Norton(2008b)在平衡计分卡框架下又提出了一个包含 6 个步骤的闭环战略管理体系:①制定战略;②规划战略;③分解战略;④规划运营;⑤回顾战略与运营计划执行情况;⑥检验与调整战略。其中,规划战略又被进一步划分为 5 个步骤:①制定战略目标;②设计衡量指标;③设定目标值;④制定行动方案;⑤编制预算。Kaplan 和 Norton(2008b)还为战略地图和平衡计分卡提供了一个正式的应用流程,这种正式战略规划流程对平衡计分卡框架应用效果的影响有待进一步研究。

下级管理者在参与预算的过程中能否设定合理的目标是一个重要的研究问题（MERCHANT，1985；LUKKA，1988；DUNK，1993；BAERDEMAEKER et al.，2015）。设定预算目标时，管理者为了尽可能多地达成预算目标从而获取个人利益的做法可能会造成预算松弛（DUNK，1993；NOURI，1994），从而导致预算无法反映企业的真实需要（HOPWOOD，1974）。预算参与机制是影响预算松弛的重要因素（ONSI，1973；MERCHANT，1985；NOURI et al.，1996）。然而，对于预算参与和预算松弛的关系，以往研究的发现并不一致。一些研究（ONSI，1973；MERCHANT，1985；DUNK，1993；BAERDEMAEKER et al.，2015）发现预算参与和预算松弛呈负相关关系，一些研究（LOWE et al.，1968；LUKKA，1988）发现两者呈正相关关系，另一些研究（COLLINS，1978）则未发现二者之间的显著关系。鉴于此，为了进一步明晰预算参与和预算目标设定之间的关系，新的研究不仅应关注预算参与的程度，还应关注管理者参与预算目标设定的方式。

战略与预算目标设定之间的关系受到了研究者的长期关注（MERCHANT et al.，1989；VAN DER STEDE，2000；VAN DER STEDE，2001；BAERDEMAEKER et al.，2015）。Baerdemaeker和Bruggeman（2015）发现，允许下级管理者参与战略规划，能够降低下级管理者制造预算松弛的倾向；同时，参与战略规划能够增强下级管理者的自主性预算动机（autonomous budget motivation）和情感性组织承诺（affective organizational commitment），进而降低其制造预算松弛的倾向。Kaplan和Norton（2008b）的战略规划流程以及战略地图通过因果链条形式展示的绩效指标因果联系能构建预算目标和企业战略之间的联系，使预算目标值的设定成为战略规划的一个环节。本章将进一步研究战略规划流程和绩效指标因果联系对管理者预算目标设定的影响。

企业为了提升绩效需要设定高于以往水平的预算目标。本章研究的第一个问题是，当上级管理者希望提高财务绩效时，战略规划流程以及战略地图用因果链条描绘出的绩效指标因果联系是否会引导下级管理者在参与预算时上报更高的预算目标。当然，最终的预算目标往往需要由上级管理者制定。本章研究的第二个问题是，当上级管理者为提高绩效确定并下达了高于以往水平的预算目标时，战略规划流程以及战略地图用链条描绘出的绩效指标因果联系是否会使下级管理者表现出更高的预算满意度。

现实中,预算属于企业的内部管理活动。对管理者的预算目标设定行为进行大范围观测的难度很大。不仅如此,预算目标设定行为受到诸多因素的影响,这些因素很难被观测并在研究中加以控制。因此,实验研究可以被用来考察目标设定行为的影响因素。对于如何使用因果链条描绘绩效指标因果联系并考察其对管理者行为的影响这一问题,以往的平衡计分卡框架下的实验研究(TAYLER,2010;CHENG et al.,2012;HUMPHREYS et al.,2016)形成了一套成熟有效的方法。为了考察战略规划流程和绩效指标因果联系对预算目标设定的影响,本章借鉴以往的研究方法,采用2(是否存在战略规划流程)×2(是否存在绩效指标因果联系)的实验设计。被试者为商科硕士研究生,在实验中被要求扮演下级管理者,参与预算并向上级管理者填报预算目标。首先,本章实验考察被试者在模拟的参与预算过程中上报的预算目标。实验结果显示,当上级管理者设定的财务目标值高于往年水平时,使用绩效指标因果链条描绘绩效指标因果联系能够促使下级管理者上报高于往年水平的目标值,以配合既定的财务目标。接下来,本章实验考察当上级管理者在财务、客户、内部流程和学习成长4个层面均下达高于往年水平的预算目标时,被试者对于既定预算目标的满意度。实验结果显示,在战略规划流程中应用绩效指标因果链条能提高下级管理者的预算目标满意度。补充测试的结果表明,战略规划流程和绩效指标因果链条的结合使用能加强下级管理者对绩效指标因果联系的感知,进而提高他们对于预算编制程序的公平感,并最终提高他们的预算满意度。

本章的研究贡献有3点。第一,本章拓展了战略地图和平衡计分卡的研究。以往的实验研究已经表明,战略地图所含的绩效指标因果链条能够影响管理者对绩效评价的判断以及决策绩效(TAYLER,2010;HUMPHREYS et al.,2016),而本章的实验证据表明,绩效指标因果链条在设定预算目标值的过程中同样发挥着重要的作用。第二,本章为战略规划和预算目标的关系提供了新的线索。以往文献显示,下级管理者参与战略规划能降低预算松弛(BAERDEMAEKER et al.,2015)。本章的发现表明,战略规划流程和绩效指标因果链条的结合使用为下级管理者参与战略规划构建了良好的机制,有助于提高预算目标与战略目标的契合度。第三,本章的研究不仅关注平衡计分卡的形态,而且关注其应用过程。实验证据表明,绩效指标因果链条在与战略规划流程结合使用时能够更充分地发挥作用。

4.2 理论分析与研究假说

4.2.1 战略规划流程、绩效指标因果链条与预算目标设定行为

早期版本的平衡计分卡聚焦于使用多个绩效指标管理企业绩效(KAPLAN et al.,1992)。这些绩效指标被划分为4个方面(财务、客户、内部流程、学习成长),从而提供一种更加"平衡"的绩效观。在此基础上,Kaplan和Norton(2000)提出将战略地图与平衡计分卡结合使用。战略地图是一个战略目标体系,它将企业的战略目标分为财务、客户、内部流程及学习成长4个层面,并认为4个层面之间存在假定的因果联系——学习成长层面战略目标的实现会影响内部流程层面战略目标的实现,进而影响客户层面战略目标的实现,并最终影响财务层面战略目标的实现。

战略地图向使用者展示了绩效指标之间的因果链条,进而揭示了绩效指标与战略目标之间的联系,以及不同战略目标之间的联系(KAPLAN et al.,2000;TAYLER,2010)。根据以往的研究(JAMES,1980;CHEN et al.,2016),管理者处理信息的能力和认知能力是有限的。然而,管理者有足够的能力集中注意力,并将自己的能力集中用于关注绩效评价系统中的某些特征,这些能够吸引注意力的特征被以往文献称为"刺激因素"(stimulus)(MORAY,1967;KAHNEMAN,1973;CHEN et al.,2016)。也就是说,即使面对同样的绩效指标,管理者如果看到战略地图上用链条表示的绩效指标之间潜在的因果联系,也会对绩效指标产生新的理解。正如Kaplan和Norton(1996a)所述,平衡计分卡的设计应能使管理者将注意力集中到关键的绩效指标上。战略目标之间或绩效指标之间的因果链条正是一个重要的刺激因素(CHEN et al.,2016),这种因果链条会对管理者的判断产生重大的影响(TAYLER,2010;CHENG et al.,2012;HUMPHREYS et al.,2016)。例如,Tayler(2010)聚焦于这种因果链条研究了平衡计分卡对管理者判断的影响

(judgmental effect),实验发现,当管理者参与选择战略计划,且使用带有因果链条的平衡计分卡评价战略时,会做出更客观的评价。类似地,Cheng 和 Humphreys(2012)的实验研究发现,使用绩效指标因果链条以及对绩效指标进行分类会影响管理者对信息相关性和战略合适性的判断。因果联系不仅会影响管理者的判断,而且会对管理者绩效产生实质影响。Humphreys 等(2016)的实验发现,使用结合了因果链条的平衡计分卡的管理者做出的决策会产生更高的长期绩效。

参与战略规划能够增强下级管理者的自主性预算动机,促进他们的情感性组织承诺,进而降低管理者制造预算松弛的可能性(BAERDEMAEKER et al.,2015);参与战略规划也能够使管理者获得更多自主权(DECI et al.,1989),使他们觉得自己可以掌控自己的环境(CHENHALL,2003;HUTZSCHENREUTER et al.,2006)、工作(SHIELDS et al.,1998)和决策过程(LOCKE et al.,1990),并营造出一种共同努力的气氛(PAPADAKIS et al.,1998)。根据自决理论(self-determination theory),这种自主权会使管理者产生自主性预算动机。这会使管理者认识到制定合理预算并实现预算目标的重要性,更不倾向于制造预算松弛(BAERDEMAEKER et al.,2015),而是会倾向于深入思考,制定合理的、有助于企业实现整体战略的预算目标。企业通过绘制绩效指标因果链条,可以使下级管理者更清楚地了解到自己负责的绩效指标如何驱动财务绩效并实现企业的整体战略。这些绩效指标的目标值与预算目标存在很大重叠,因此平衡计分卡的绩效指标因果链条能将预算目标设定与战略规划相结合,从而使下级管理者能够通过参与预算目标设定来参与战略规划,设定出更符合企业战略的预算目标。基于上述分析,本章提出假说 H4-1a。

假说 H4-1a 企业使用绩效指标因果链条描绘指标之间的因果联系会使下级管理者倾向于设定能够支持企业总体战略的预算目标。

企业可以通过具有战略导向的预算管理将长期战略转化为短期经营预算(HANSEN et al.,2004)。根据 Kaplan 和 Norton(2008b)的观点,战略规划流程要求企业选取的绩效指标能够量化并衡量战略目标。这些绩效指标会成为制定行动方案和编制预算的基础。因此,这种战略规划流程能够加强预算目标和战略目标之间的联系。如果企业采用了这种战略规划流程,那么下级管理者就可以通过参与预算目标的设定来参与企业的战略规划。因此,企业将战略规划流程和绩效指标因果链条搭配使用,能够使下级管理者了解绩效指标与财务、客户、内部流程、学习成长层面战略目标的对应关系,且能够使下级管理者了解各个层面的绩效指标如何驱动财务绩效和帮助企业实现整体战略,从而加强下级管理者对战略规划的参与感。管理者参与战略规划会促使其设定符合企业战略的预算目标(BAERDEMAEKER et al.,2015)。由此可知,战略规划流程可以增强绩效指标因果链条对预算目标设定行为的影响。基于上述分析,本章提出假说 H4-1b。

假说 H4-1b 相比不存在战略规划流程时,企业中存在战略规划流程时使用绩效指标因果链条会使下级管理者更倾向于设定能够支持企业总体战略的预算目标。

需要说明的是,本章讨论的战略规划流程专指 Kaplan 和 Norton(2008b)的闭环战略管理体系中提到的战略规划的 5 个步骤:①制定战略目标;②设计衡量指标;③设定目标值;④制定行动方案;⑤编制预算。

4.2.2 战略规划流程、绩效指标因果链条与预算满意度

预算满意度是指个体面对预算过程和预算目标时的舒适程度,而公平感是正向影响预算满意度的关键因素(MAIGA,2006)。上级管理者下达较高难度的预算目标可能会引起下级管理者的不满。在平衡计分卡框架下,战略地图所包含的绩效指标因果联系能够使下级管理者认识到绩效指标之间的因果联系。这种因果联系能揭示企业内不同战略目标或绩效指标(预算目标)之间的影响关系(CHENHALL,2005),展示下级管理者承担的绩效目标如何驱动财务绩效和企业的整体战略,从而使下级管理者理解预算目标的合理性。决策者就其决策给出的合理解释(justification)能够增强下级管理者的预算程序公平感(BIES et al.,1988)。当个体遇到于己不利的决策时,决策者就决策向个体给出合理的解释,将有助于消除个体对决策者动机与意图的负面解读(BIES,1987)。因此,绩效指标因果链条的使用会使下级管理者认为,尽管上级管理者下达的预算目标有难度,但自己承担的预算目标是根据因果链条由企业整体战略和财务绩效目标转化而来

的,并不带有管理者的偏见。根据 Leventhal(1980)的观点,若一个预算程序被认为能够抑制偏见,则其会带来较强的公平感,进而带来较高的预算满意度。基于上述分析,本章提出假说 H4-2a。

假说 H4-2a 企业使用绩效指标因果链条描绘指标之间的因果联系,会使下级管理者展现出较高的预算满意度。

非财务指标对财务绩效的影响往往是间接的(KAPLAN et al.,1996;KAPLAN et al.,2008b)。Kaplan 和 Norton(2008b)的战略规划流程能够突出将战略目标转化为绩效指标的过程,能够帮助下级管理者更充分地理解战略目标和绩效指标之间的对应关系。很多非财务指标对财务绩效的影响是间接的,不容易被管理者认知,如一些长期绩效驱动的非财务绩效指标(KAPLAN et al.,1996b;ITTNER et al.,1998b)。管理者如果能够充分注意到每个绩效指标(预算目标)的衡量对象(特定战略指标),就可以通过战略地图的因果链条更好地理解非财务指标如何驱动财务绩效,感知绩效指标之间的因果联系,从而产生较强的公平感和较高的预算满意度。由此可知,战略规划流程可以强化绩效指标因果链条对预算满意度的影响。基于上述分析,本章提出假说 H4-2b。

假说 H4-2b 相比不存在战略规划流程时,企业中存在战略规划流程时使用绩效指标因果链条会使下级管理者更倾向于展现出较高的预算满意度。

4.3 研究设计

4.3.1 实验被试者

共有172名商科在职硕士研究生作为被试者在固定地点参与了实验。被试者中,男性(女性)占比约 40.10%(59.90%)。被试者的平均年龄约为27.5岁,平均工作经验约为4.2年。由于本实验采用了随机分组的方法,4组被试者的特征不存在显著差异。

4.3.2 实验流程

本章采用2(是否存在战略规划流程)×2(是否存在绩效指标因果链条)的实验设计。实验将被试者随机分配到4个组中,被试者会打开事先设计好的网页开始实验(实验设计详见附录B)。在每一个分组中,被试者都需要阅读资料,了解一个虚构的医药商业企业的管理实践。在两个存在战略规划流程的分组中,被试者通过文字资料了解企业的战略规划流程(见图4-1);在另外两个无战略规划流程的分组中,被试者将直接被告知企业"未采用正式战略规划流程"。在两个不存在绩效指标因果链条的分组中,被试者通过图文资料了解企业使用的不含绩效指标因果链条的(四维并列)平衡计分卡(见附录B中的图B.1);在另外两个存在绩效指标因果链条的分组中,被试者通过图文资料了解企业使用的含有因果链条的平衡计分卡(见附录B中的图B.2)。

接下来,被试者会被要求扮演销售部门经理角色参与预算,即填报自己负责的绩效指标的2019年预算目标值。在实验中,被试者会了解到虚拟企业的绩效指标体系以及各指标近3年的实际值。企业的绩效指标体系按平衡计分卡框架设定,包含14个绩效指标,其中4个绩效指标为财务指标,10个绩效指标为非财务指标(见附录B中的表B.1)。被试者扮演相应的下级管理者,只需要填报自己负责的5个绩效指标的2019年预算目标值。这5个绩效指标包含2个财务指标——销售收入增长率、销售净利率,以及3个非财务指标——市场占有率、投诉次数、客户满意度。此外,被试者会被告知,预算目标值被确定后将构成对其2019年绩效考核的基础。

需要说明的是,为了观察被试者是否会通过设定预算目标支持企业总体战略,本章对实验进行了特殊设计。被试者在设定自己负责的绩效指标目标值之前,能够看到上级管理者已经确定的"净资产收益率"和"净利润"在2019年的预算目标值。与虚拟企业"加速价值创造"的战略目标吻合,"净资产收益率"和"净利润"目标值均略高于近3年实际值的最高水平。这一设计的目的是观察被试者是否会在战略目标的引导下,对自己负责的绩效指标设定略高于近3年最高水平的目标值。此外,在虚拟企业近3年的绩效指标实际值中,2016年各项指标反映的绩效水平均为 3 年中的最低值;除"净利润"在 2016—2018 年保持增长之外,其他指标均在 2017 年达到最高水平,而 2018 年的绩效水平接近于前两年平均值。这一设计的目的是防止绩效指标实际值的变化呈现明显趋势,影响被试者的判断。

> HRH 医药采用了正式战略规划流程,该流程依次包含以下 5 个步骤。
> (1) 制定战略目标
>   为了加快企业成长,HRH 医药在平衡计分卡框架下制定了以下 4 个层面的战略目标。
>   ① 财务层面:加速价值创造,并在此基础上设定"开源"和"节流"两个目标。
>   ② 客户层面:提高客户体验;扩大客户群。
>   ③ 内部流程层面:积极响应需求;高效运营。
>   ④ 学习成长层面:提高士气;高素质团队。
> (2) 设计衡量指标
>   基于上述战略目标,HRH 医药选取了 14 个常用绩效指标。
>   ① 财务层面指标(4 个)
>   a. 与加速价值创造相关:净资产收益率、净利润。
>   b. 与开源相关:销售收入增长率。
>   c. 与节流相关:销售净利率。
>   ② 客户层面指标(3 个)
>   a. 与提高客户体验相关:客户满意度、投诉次数。
>   b. 与扩大客户群相关:市场占有率。
>   ③ 内部流程层面指标(3 个)
>   a. 与积极响应需求相关:配送及时率。
>   b. 与高效运营相关:平均回款天数、积压库存占比。
>   ④ 学习成长层面指标(4 个)
>   a. 与提高士气相关:员工满意度、员工保有率。
>   b. 与高素质团队相关:技能考评合格率、内部突击检查合格率。
> (3) 设定目标值
>   HRH 医药会为上述绩效指标设定适当的目标值。
> (4) 制定行动方案
>   HRH 医药会为实现目标值进一步设计具体行动方案。
> (5) 编制预算
>   HRH 医药会将上述绩效指标作为财务和业务预算的预算目标,编制具体预算。

图 4-1 实验中使用的战略规划流程

被试者在网页上填报目标值后会进入下一个页面。在这个页面中,被试者会被告知上级管理者在参考下级管理者的意见后,为 14 个绩效指标下达的最终确定的 2019 年预算目标值,具体数值见附录 B 中的表 B.2。此时,无论被试者在上一步如何填报 2019 年预算目标值,都会收到同样的结果。其中,除"投诉次数"以外,所有目标值均略高出近 3 年的最高水平。在此基础上,被试者会被请求对预算的综合满意度打分(0~100 分)。

4.3.3 解释变量

1. 战略规划流程的存在性

本章使用图 4-1 所示流程操控实验中虚拟企业的战略规划流程的存在性。如图 4-1 所示,实验中的战略规划流程参考了 Kaplan 和 Norton(2008b)的观点,包括 5 个步骤:①制定战略目标;②设计衡量指标;③设定目标值;④制定行动方案;⑤编制预算。在使用战略规划流程的分组中,图 4-1 所示的流程会向被试者展示;而在未使用战略规划流程的分组中,被试者将直接被告知企业"未采用正式战略规划流程"。在此基础上,本章定义分组变量 SPP,该变量在使用战略规划流程的分组中取 1,在未使用战略规划流程的分组中取 0。

2. 绩效指标因果链条的存在性

本章在操控绩效指标因果链条的存在性时参考了 Tayler 的方法(TAYLER,2010)。对于不存在绩效指标因果链条的分组,被试者会被展示 Kaplan 和 Norton(1992)提出的传统的四维并列平衡计分卡,这种平衡计分卡仅将绩效指标分成 4 组,并不表现指标之间的因果链条。对于存在绩效指标因果链条的分组,被试者会被展示 Kaplan 和 Norton(2000)提出的与战略地图结合并显示出明确的绩效指标因果链条的平衡计分卡,这种平衡计分卡能够显示其他层面的战略目标和绩效指标如何驱动财务层面的战略目标和绩效指标。在此基础上,本章定义变量 CC,该变量在使用绩效指标因果链条的分组中取 1,在未使用绩效指标因果链条的分组中取 0。

4.3.4 被解释变量

1. 支持性目标设定行为

当被试者面对上级管理者设定的略高于近 3 年最高水平的财务目标值时,有可能会相应地给自己负责的 5 个绩效指标填报高于历史水平的目标值，以支持上级管理者的既定目标。为了便于叙述，本章将这种行为称作"支持性目标设定行为"，并定义变量 SUPPORT 以捕捉被试者的支持性目标设定行为。该变量在 2 个财务指标（销售收入增长率、销售净利率）目标值中至少有一个高于近 3 年的最高水平，且 3 个非财务指标（市场占有率、投诉次数、客户满意度）目标值中至少有一个高于近 3 年最高水平时取 1，否则取 0。上述变量定义的含义是，只有当被试者对至少一个财务指标上和至少一个非财务指标设定高于历史水平的目标值时，才能认定被试者找出了通过非财务指标驱动财务指标进而支持上级管理者设定的财务目标的途径。在张朝宓等（2004）的研究中，被试者会在目标设定之前被告知当期期末财务指标的实际值落入不同数值区间的概率，这种做法能够让研究者通过观察被试者设定目标值的高低直接了解被试者选择的目标难度和预算松弛度。本章的实验并未采用这种设计，而仅包含让被试者设定预算目标的过程。这是因为，当期期末指标实际值的概率分布表会为被试者设定预算目标提供额外参考，这种参考的作用会与绩效指标因果链条的作用混在一起，无法区分。

此外，由于实验中的情景模拟与现实中的工作环境和内容不可避免地存在差距，本章的实验无法完整地呈现企业管理的真实情况，因此被试者填报的具体预算目标值可能会含有较大的噪声。鉴于此，虽然被试者会填报具体的目标值，但本章并不使用这些具体数值捕捉被试者的目标设定行为，而仅考察被试者"是否"填报了高于近 3 年最高绩效水平的目标值。

2. 预算满意度

本章采用请求被试者打分的方式捕捉被试者对预算的综合满意度（overall satisfaction）。被试者在被告知上级管理者最终确定并批复的目标值后，会被请求对预算的综合满意度打分（0～100 分）。本章将这一数值确定为变量 SATISFACTION，以捕捉被试者的预算满意度。Maiga（2006）在问卷调查中使用了 3 个问题的 7 点 Likert 量表度量预算满意度，3 个问题分别涉及"上下级合作""上级给下级的支持"和"综合满意度"。与之不同的是，本章只向被试者询问"综合满意度"，其原因是"上下级合作"和"上级给下级的支持"与本实验的情景无关。此外，为了更充分地捕捉被试者预算满意度的差异，本章并没有使用 7 点 Likert 量表，而是请求被试者在 0～100 的区间内打分。

4.4 实证结果

4.4.1 战略规划流程与绩效指标因果链条对预算目标设定行为的影响

表 4-1 展示了战略规划流程、绩效指标因果链条对预算目标设定行为的影响。本章使用正式战略规划流程的存在性（SPP）和绩效指标因果链条的存在性（CC）变量对支持性目标设定行为（SUPPORT）进行 Logit 回归。(1)列的结果显示，CC 的估计系数为 0.661，在 5%的水平上显著；SPP 的估计系数为正，但不显著异于 0。(2)列的结果显示，CC 的估计系数为 1.070，在 5%的水平上显著；SPP 的估计系数为正但不显著异于 0，交乘项 SPP×CC 的估计系数为负但不显著异于 0。

上述结果显示，在预算参与过程中，战略地图展示出的绩效指标因果链条能够促使下级管理者上报较高的绩效指标目标值，以支持上级管理者设定的较高的财务指标目标值。该实验证据支持了假说 H4-1a。然而，本章没有发现战略规划流程对下级管理者的预算目标设定行为产生的显著影响，也没有发现战略规划流程和绩效指标因果链条对目标设定行为的影响存在替代性或互补性。实验证据未能支持假说 H4-1b。

表 4-1 战略规划流程、绩效指标因果链条对预算目标设定行为的影响

	(1)	(2)	支持假说
SPP	0.236	0.620	
	(0.71)	(1.38)	
CC	0.661**	1.070**	
	(1.97)	(2.28)	
SPP×CC		−0.869	H4-1a
		(−1.29)	
Constant	0.360	0.182	
	(1.32)	(0.60)	
N	172	172	
Pseudo R^2	0.020 6	0.028 4	

注："**"表示在 5%的水平上双尾显著。

4.4.2 战略规划流程与绩效指标因果链条对预算满意度的影响

表 4-2 展示了 4 组被试者面对上级管理者最终确定的目标值所报告的预算满意度的均值和方差。当实验情景中同时存在战略规划流程和绩效指标因果链条时,预算满意度最高(平均值为 87.03)。如表 4-3 所示,如果不按绩效指标因果链条和战略规划流程交叉分组,存在战略规划流程时与不存在战略规划流程时的预算满意度没有显著差别;存在绩效指标因果链条时与不存在绩效指标因果链条时的预算满意度也没有显著差别。假说 H4-2a 未能得到证据支持。如果战略规划流程存在,那么存在绩效指标因果链条时的预算满意度在 5% 的水平上显著高于不存在绩效指标因果链条时的预算满意度;相比之下,如果战略规划流程不存在,那么存在绩效指标因果链条时的预算满意度与不存在绩效指标因果链条时没有显著差异。预算满意度均值的组间差异如图 4-2 所示。表 4-4 展示了预算满意度的方差分析。与表 4-1 的结果一致,战略规划流程和绩效指标因果联系的交乘项(SPP×CC)能带来 10% 水平上显著的组间差异。

上述结果显示,在战略规划流程中应用绩效指标因果链条能提高下级管理者的预算满意度。这一证据支持了假说 H4-2b。

表 4-2　4 组被试者面对上级管理者最终确定的目标值所报告的预算满意度的均值和方差

战略规划流程	绩效指标因果链条		合　计
	不存在	存在	
不存在	$n=44$ 85.56 (8.59)	$n=45$ 84.21 (14.75)	$n=89$ 84.88 (12.05)
存在	$n=42$ 82.12 (10.82)	$n=41$ 87.03 (8.90)	$n=83$ 84.54 (10.16)
合计	$n=86$ 83.88 (9.84)	$n=86$ 85.56 (12.32)	$n=172$ 84.72 (11.15)

注:每个分组从上至下依次报告了观测值数、均值和标准差。

表 4-3　4 组被试者面对上级管理者最终确定的目标值所报告的预算满意度的均值验检

（1）	（2）	（3）	（4）	
分组平均值		t 值〔（1）－（2）〕	p 值（单尾）	支持假说
无流程 84.88	有流程 84.54	0.195 2	0.422 7	
无链条 83.88	有链条 85.56	−0.986 9	0.162 6	
无流程 且 无链条 85.56	有流程 且 无链条 82.12	1.636 2	0.052 8*	
无流程 且 有链条 84.21	有流程 且 有链条 87.03	−1.059 1	0.146 3	H4-2b
无流程 且 无链条 85.56	无流程 且 有链条 84.21	0.523 7	0.300 9	
有流程 且 无链条 82.12	有流程 且 有链条 87.03	−2.255 1	0.013 4**	

注："*"和"**"分别表示在 10% 和 5% 的水平上单尾显著。

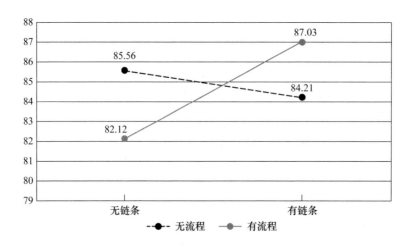

图 4-2　预算满意度均值的组间差异

本实验还发现,战略规划流程和绩效指标因果链条都不存在时的预算满意度（平均值为 85.56）仅次于两者均存在时的情况（平均值为 87.03）,并不存在显著差异,而且在 10% 的水平上显著高于存在战略规划流程但不存在绩效指标因果链条时的预算满意度。

表 4-4 预算满意度的方差分析

	离差平方和	自由度	均方	F 值	p 值	支持假说
组间	545.13	3	181.71	1.47	0.2234	
SPP	253.96	1	253.96	2.06	0.1530	
CC	40.16	1	40.16	0.33	0.5689	H4-2b
SPP×CC	419.85	1	419.85	3.41	0.0667*	
组内	20707.13	168	123.26			
总计	21252.26	171	124.28			
$N=172$						
Adj. $R^2=0.0083$	Root MSE=11.10					

注:"*"表示在10%的水平上显著。

以上发现可解释为,兼具战略规划流程和绩效指标因果链条的实验设定和同时不具有这两种特征的实验设定分别能通过不同的机制带来公平感,进而产生较高的预算满意度。兼具两种特征的实验设定能够使被试者更清晰地感知绩效指标之间的因果联系,从而意识到上级管理者为非财务指标确定的目标值是为了支持财务指标的目标值,进而支持企业的整体战略,目标值的设定具有正当理由,不含明显的偏见。而这两种特征均不存在的实验设定则与早期的平衡计分卡框架相似,能够为4个层面的绩效指标构建"平衡"关系。在实验中,当被试者观察到上级管理者对4个层面的指标均确定了略高于往年水平的目标值时,也会倾向于认为目标值的设定不含明显的偏见。而当单独使用战略规划流程时,被试者不能充分地感知绩效指标之间的因果联系。与此同时,战略规划流程中制定的战略目标在逻辑上存在关联,这又打破了4个层面绩效指标之间的平衡感,最终被试者对预算目标设定程序的公平感被削弱,表现出较低的预算满意度。

结合4.4.1节的发现可知,虽然战略规划流程和绩效指标因果链条均不存在时被试者也表现出较高的预算满意度,但被试者在没有绩效指标因果链条的情况下不会倾向于上报高于往年水平的目标值。因此,若要使被试者既能自主上报高于往年水平的目标值,又能在面对上级确定的预算目标时表现出较高的预算满意度,则需要同时应用绩效指标因果链条和战略规划流程。

4.4.3 补充测试

1. 感知上的绩效指标因果联系

为了考察实验中平衡计分卡的绩效指标因果链条是否能真正促进被试者感知绩效指标因果联系，本章在实验结束后向4组被试者发放问卷，以询问对绩效指标因果联系的感知。本章参考 Chenhall(2005)、Gimbert 等(2010)以及 Bisbe 和 Malagueño(2012)提出的方法，请求被试者使用7点 Likert 量表评价以下3个陈述与实验情景的符合程度(用"1"代表最低程度，用"7"代表最高程度)：①企业的绩效目标和长期战略之间存在明确的因果联系；②企业的绩效评价指标体系考虑到了各类企业活动或各个职能之间的相互联系和因果关系；③企业的绩效评价指标体系能够帮助管理者认识到各类企业活动或各个职能之间的相互联系和因果关系。接下来，本章对上述3个项目对应的点数求平均，定义为变量 LINKAGE，以捕捉每个被试者对绩效指标因果联系的感知。

表4-5展示了4组被试者感知到的绩效指标因果联系强弱程度。当实验情景中存在正式战略规划流程且使用战略地图明确展示了绩效指标因果链条时，被试者感知到的绩效指标因果联系最强(平均值5.40)。如表4-6所示，如果不按绩效指标因果链条和战略规划流程进行交叉分组，那么存在绩效指标因果链条时被试者感知到的绩效指标因果联系在5%的水平上显著强于不存在绩效指标因果链条时被试者感知到的绩效指标因果联系；如果实验中存在战略规划流程，那么存在绩效指标因果链条时被试者感知到的绩效指标因果联系在1%的水平上强于不存在绩效指标因果链条时被试者感知到的绩效指标因果联系；如果实验中不存在战略规划流程，那么存在绩效指标因果链条时被试者感知到的绩效指标因果联系与不存在绩效指标因果链条时被试者感知到的绩效指标因果联系没有明显差异；此外，如果实验中存在明显的绩效指标因果链条，那么存在战略规划流程时被试者感知到的绩效指标因果联系在5%的水平上显著强于不存在战略规划流程时被试者感知到的绩效指标因果联系。被试者感知到的绩效指标因果联系均值的组间差异如图4-3所示。表4-7展示了被试者感知到的绩效指标因果联系的方差分析，与表4-5

展示的结果一致,战略规划流程和绩效指标因果链条的交乘项(SPP×CC)能带来10%水平上显著的组间差异。

上述发现意味着,同时使用战略规划流程和绩效指标因果链条相比单独使用两者之一,更能够强化被试者对绩效指标因果联系的感知。

表 4-5　4 组被试者感知到的绩效指标因果联系强弱程度

正式战略规划流程	平衡计分卡中的绩效指标因果链条		合　计
	不存在	存在	
不存在	$n=44$ 4.89 (1.13)	$n=45$ 4.90 (1.29)	$n=89$ 4.90 (1.20)
存在	$n=42$ 4.79 (1.12)	$n=41$ 5.40 (0.96)	$n=83$ 5.09 (1.08)
合计	$n=86$ 4.84 (1.12)	$n=86$ 5.14 (1.16)	$n=172$ 4.99 (1.15)

注:每个分组从上至下依次报告了观测值数、均值和标准差。

表 4-6　被试者感知到的绩效指标因果联系均值检验

(1)	(2)	(3)	(4)
分组均值		t 值[(1)-(2)]	p 值(单尾)
无流程 4.90	有流程 5.09	-1.128 9	0.130 3
无链条 4.84	有链条 5.14	-1.717 6	0.043 8**
无流程 且 无链条 4.89	有流程 且 无链条 4.79	0.383 0	0.351 3
无流程 且 有链条 4.90	有流程 且 有链条 5.40	-2.006 6	0.024 0**
无流程 且 无链条 4.89	无流程 且 有链条 4.90	-0.067 6	0.473 1
有流程 且 无链条 4.79	有流程 且 有链条 5.40	-2.645 4	0.004 9***

注:"**"和"***"分别表示在 5% 和 1% 的水平上单尾显著。

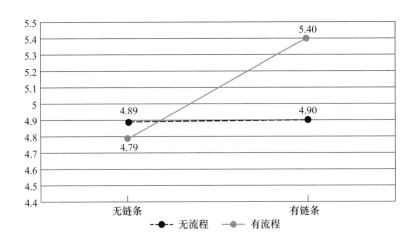

图 4-3 被试者感知到的绩效指标因果联系均值的组间差异

表 4-7 被试者感知到的绩效指标因果联系的方差分析

	离差平方和	自由度	均方	F 值	p 值
组间	9.26	3	3.088	2.41	0.068 8*
SPP	0.18	1	0.185	0.14	0.704 7
CC	0.01	1	0.007	0.01	0.942 5
SPP×CC	3.70	1	3.704	2.89	0.091 0*
组内	215.27	168	1.281		
总计	224.54	171	1.313		
$N=172$					
Adj. $R^2=0.024\ 1$	Root MSE$=1.132$				

注:"*"表示在 10% 的水平上显著。

2. 预算程序公平感的中介效应

为了考察被试者感知到的绩效指标因果联系是否能通过提高预算目标设定程序公平感来提高预算满意度,本章使用 Baron 和 Kenny(1986)提出的方法进行中介效应分析。类似地,实验结束后发放的问卷请求被试者评价情景中预算目标设定程序的公平性。本章参考孙健等(2017)的研究,请求被试者基于实验情景,使用 7 点 Likert 量表评价对"我认为预算编制的过程是公平的"的认同程度,并定义变量 FAIRNESS 为该量表的点数。接着,将 SATISFACTION 作为被解释变量,将 FAIRNESS 和 LINKAGE 作为解释变量,使用普通最小二乘法进行回归分析。表 4-8 展示了预算目标设定程序公平的中介效应分析结果。(1)列~(3)列的结果显示,FAIRNESS 和 LINKAGE 对 SATISFACTION 的影响显著为正。(4)列的结果显示,LINKAGE 对 FAIRNESS 的影响显著为正。(1)列中 LINKAGE 的估计系数为 2.537($t=2.92$),在 1% 的水平上显著小于(3)列中 LINKAGE 的估计系数 3.717($t=5.39$)。这表明 FAIRNESS 对于 LINKAGE 和 SATISFACTION 间的联系起到部分中介效应。

表 4-8 预算目标设定程序公平的中介效应分析结果

	(1)	(2)	(3)	(4)
	SATISFACTION			FAIRNESS
FAIRNESS	1.486**	2.709***		
	(2.20)	(4.99)		
LINKAGE	2.537***		3.717***	0.794***
	(2.92)		(5.39)	(10.26)
Constant	65.255***	72.322***	66.166***	0.613
	(18.56)	(27.73)	(18.74)	(1.55)
N	172	172	172	172
Adj. R^2	0.160	0.123	0.141	0.379

注:括号中为 t 值,"**"和"***"分别表示在 5% 和 1% 的水平上双尾显著。

上述发现与本章的推断吻合:在平衡计分卡框架下,战略规划流程和绩效指标因果链条的结合能够强化下级管理者对于绩效指标因果联系的认知。这种认知有助于提高下级管理者对于预算目标设定程序的公平感,进而提高预算满意度。

4.5 本章小结

早期的平衡计分卡突出了 4 个层面的绩效指标之间的"平衡"。当战略地图与平衡计分卡结合后,平衡计分卡框架转而突出战略目标或绩效指标因果链条,这种链条描绘了绩效指标之间的因果联系(TAYLER,2010;HUMPHREYS et al.,2016)。Kaplan和Norton(2008b)还为战略地图和平衡计分卡构建了闭环的战略管理体系,这个闭环的体系包含了将战略目标转化为绩效指标目标值,进而转化为行动方案和预算的战略规划流程。

本章在平衡计分卡框架下进行实验研究,考察了战略规划流程和绩效指标因果链条对预算目标设定的影响。被试者在实验中被要求扮演下级管理者,参与预算并向上级管理者填报预算目标。第一,本章考察被试者在模拟的预算参与过程中上报的预算目标。实验结果显示,当上级管理者设定的财务目标值高于往年水平时,使用绩效指标因果链条描绘指标间的因果联系,能够促使下级管理者上报高于往年水平的目标值,以配合既定的财务目标。第二,本章考察当上级管理者在财务、客户、内部流程和学习成长4个层面均下达高于往年水平的预算目标时被试者对于既定预算目标的满意度。实验结果显示,在战略规划流程中应用绩效指标因果链条能提高下级管理者的预算满意度。补充测试的结果表明,战略规划流程和绩效指标因果链条的结合使用,能加强下级管理者对绩效指标因果联系的认识,进而提高他们对于预算编制程序公平的感受,并最终提高他们的预算满意度。

上述发现意味着,在平衡计分卡框架下,战略规划流程和绩效指标因果链条的结合能够使企业更有效地完成预算目标设定。在上级管理者制定总体财务目标后,下级管理者在绩效指标因果链条所揭示的绩效指标因果联系的引导下,在其他绩效指标上会倾向于上报能够支持总体财务目标的目标值。在全部的关键绩效指标目标值被确定后,战略规划流程和绩效指标因果链条的结合使用又使下级管理者更愿意接受这些既定的目标值。

本章的发现拓展了战略地图和平衡计分卡的研究。以往的实验研究表明,战略地图所包含的绩效指标因果链条能够影响管理者对绩效评价做出的判断以及绩效决策(TAYLER,2010;HUMPHREYS et al.,2016)。本章的实验证据表明,在目标值设定的过程中,绩效指标因果链条所描绘出的绩效指标间的因果联系同样发挥着重要的作用。此外,本章的研究不仅关注平衡计分卡的形态,而且关注其应用过程。本章的实验证据表明,绩效指标因果链条在Kaplan和Norton(2008b)提出的战略规划流程下能够更充分地发挥作用。

本章的实验仅能讨论虚拟企业中是否存在 Kaplan 和 Norton(2008b)提出的战略规划流程,并不能反映不同企业之间战略规划流程的差异。接下来的研究将使用问卷调查的方法,了解真实企业的战略管理体系,进一步考察战略规划流程和绩效指标因果联系与预算行为间的关系。

第 5 章 战略规划流程、绩效指标因果联系与预算程序公平

5.1 引　　言

前两章的研究均基于平衡计分卡框架,而平衡计分卡框架只是战略绩效评价系统的一种特殊形态(BISBE et al. ,2012)。在管理会计的学术研究中,战略绩效评价系统越来越得到重视(KAPLAN et al. ,2008b;GIMBERT et al. ,2010;BISBE et al. ,2012)。不同学者尽管对于战略绩效评价系统的定义不同,但是普遍认为战略绩效评价系统应该包含战略规划流程,同时各绩效指标之间应存在因果联系(BISBE et al. ,2012;KAPLAN et al. ,2008b)。

根据 Kaplan 和 Norton(2008b)提出的观点,战略规划流程包括 5 个步骤——制定战略目标、设计衡量指标、设定目标值、制定行动方案、编制预算,并且战略地图应反映绩效指标在战略上的因果关系。类似地,Bisbe 和 Malagueño(2012)认为战略绩效评价系统应包括多维度的评价指标,每个维度应遵循"战略目标—绩效指标—目标值—行动方案"的规划流程,且绩效指标之间应存在因果联系。Kaplan 和 Norton(2008b)的战略规划流程与预算编制程序存在密切联系。在以往的文献(孙健 等,2017)中,与预算编制程序相关的一个重要研究问题是预算程序公平。然而,以往的文献往往聚焦于预算参与中的预算程序公平(LINDQUIST,1995;

MAGNER et al.,1995;WENTZEL,2002;LAU et al.,2006),尚未深入讨论战略规划流程与预算程序公平之间的联系。鉴于此,本章将考察战略规划流程对预算程序公平的影响,以及绩效指标因果联系在这一影响中发挥的作用。

在战略管理实践中,企业可能并不会将上述战略规划流程的5个步骤(制定战略目标、设计衡量指标、设定目标值、制定行动方案、编制预算)及其完成顺序全部写入正式战略规划流程,相反地,企业战略管理实践中的规则和惯例可能与Kaplan和Norton(2008b)提出的战略规划流程不吻合。例如,对250位中国企业管理者的调查显示,仅有8.4%的管理者表示其所在企业的战略规划流程与上述顺序一致,尽管多数企业会在战略规划中完成上述5个步骤,但5个步骤的先后顺序与"制定战略目标—设计衡量指标—设定目标值—制定行动方案—编制预算"的顺序并不一致,即企业并不是在依次完成前4个步骤后再编制预算。在这种情况下,企业编制的预算有可能难以反映战略规划。针对这一问题,本章将考察企业战略规划流程设计对预算程序公平的影响。具体而言,本章研究的第一个问题是,战略规划流程中制定战略目标、设计衡量指标、设定目标值、制定行动方案、编制预算的排序以及绩效指标因果联系的强度是否会正向影响预算程序公平。考虑到预算参与对预算程序公平的影响(LAU et al.,2006),本章研究的第二个问题是,预算参与是否在上述影响关系中发挥中介作用。为考察战略规划流程和绩效指标因果联系之间的潜在关系,本章研究的第三个问题是,企业的战略规划流程与制定战略目标、设计衡量指标、设定目标值、制定行动方案、编制预算依次排列的吻合程度是否会加强绩效指标间的因果联系。

为研究上述问题,本章通过问卷调查收集数据,使用结构方程法分析数据。根据250位管理者回复的问卷数据,结构方程法的分析结果显示:企业的战略规划流程与制定战略目标、设计衡量指标、设定目标值、制定行动方案、编制预算依次排列的吻合程度会正向影响管理者对绩效指标因果联系的感知,这种因果联系进而或者直接地正向影响预算程序公平,或者通过促进企业内的预算参与间接地正向影响预算程序公平。

本章的研究贡献有以下4点。第一,本章的研究拓展了战略管理研究。以往的研究很少针对性地讨论战略规划流程上的差异,往往仅将其作为衡量战略绩效评价系统应用的观测项目之一,并不进行单独考察(BISBE et al.,2012;GIMBERT et al.,2010),战略规划流程对企业组织的影响并未得到充分的讨论。本章使用制定战略目标、设计衡量指标、设定目标值、制定行动方案和编制预算构成的序列捕捉了企业战略规划流程上的差异,为战略规划流程对企业组织的影响提供了重要证据。第二,本章的研究拓展了预算管理研究。尽管战略管理和预算管理之间的联系已经得到了研究者的广泛关注(KAPLAN et al.,2000;KAPLAN et al.,2008b;高晨 等,2010;汪家常 等,2002),但鲜有文献用实证检验构建战略管理与预算管理之间的联系对企业产生的影响。本章的研究将战略规划流程视作构建战略管理与预算管理之间联系的重要途径,为战略管理对预算管理的影响提供了新的证据。第三,本章的研究拓展了预算程序公平的研究。以往的研究(LAU et al.,2001;LAU et al.,2005;LAU et al.,2008)考察了财务指标和非财务指标对预算程序公平的影响,但并未充分讨论战略绩效评价系统的其他特征对预算程序公平的影响。本章的研究揭示了战略规划流程和绩效指标因果联系对预算程序公平的影响,可以为预算程序公平的研究提供新的线索。第四,本章的发现可以供实务界人士参考以更好地理解预算与战略之间的关系,并为改进预算管理提供启示。

5.2 理论分析与研究假说

以往的研究已经发现多种影响预算程序公平的因素,如预算参与(TYLER,1989;LIND et al.,1988;WENTZEL,2002;MAIGA et al.,2007)、发表观点的机会(MCFARLIN et al.,1992;LINDQUIST,1995)、程序参与人的特征(SKARLICKI et al.,1999)。本章关注战略规划流程(SPP)与绩效指标因果联系(LINK)对预算程序公平(FAIR)的影响,以及预算参与(PRTP)对上述影响的中介作用。本章的结构方程模型如图5-1所示。

第 5 章 战略规划流程、绩效指标因果联系与预算程序公平

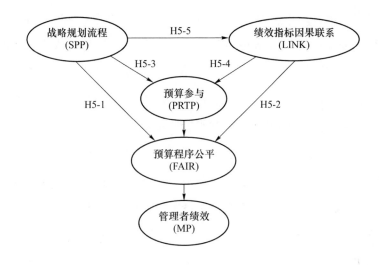

图 5-1 本章的结构方程模型

5.2.1 战略规划流程与预算程序公平

战略规划流程是战略绩效评价系统的重要特征(BISBE et al.,2012)。已有案例证据(LANGLEY,1988)表明,战略规划流程能够沟通战略,构建共识,使战略方针"合法化"(legitimization),并能对组织施加引导和控制。此外,也有案例证据(VILÀ et al.,2008)表明,战略规划的方式对战略的制定存在重大影响;通过参与战略规划的过程,中层管理者能够形成对战略原则、战略问题和战略目标的认识,在思想上为战略实施做出准备。根据 Kaplan 和 Norton(2008b)提出的观点,企业应在确立使命、愿景和价值观后形成战略(strategy formulation),进而展开战略规划,战略规划包括以下 5 个步骤:确立战略主题和目标、设计衡量指标、设定目标值、制定战略行动方案、制定资金和战略支出计划。其中,前 4 个步骤在以往的文献中被抽象为战略绩效评价系统中由制定战略目标、设计衡量指标、设定目标值和制定行动方案构成的序列(GIMBERT et al.,2010;BISBE et al.,2012),而第 5 个步骤则是编制预算的一种形式。

在 Kaplan 和 Norton(2008b)提出的战略规划流程中,每一个步骤都会为下一个步骤提供依据(例如,战略目标的制定会为衡量指标的选择提供依据;目标值的

设定会为预算的编制提供依据)。因此,这种战略规划流程能够将预算管理与战略管理之间建立联系。本章将 Kaplan 和 Norton(2008b)提出的战略规划流程作为标准,考察企业的战略规划流程与这一标准的差异及差异产生的影响。为了便于叙述,本章将制定战略目标、设计衡量指标、设定目标值、制定行动方案和编制预算依次构成的五步骤战略规划流程简称为"标准流程"。

在标准流程下,管理者需要根据战略目标确定绩效指标的目标值以及编制预算(KAPLAN et al.,2008b),这使得上级管理者难以根据自身的偏好任意地设定预算目标,从而抑制了上级管理者在目标设定过程中的偏见。此外,决策者就其决策给出的合理解释(justification)也能够增强预算程序公平感(BIES et al.,1988)。当个体遇到于己不利的决策时,决策者向个体就决策给出合理解释,将有助于避免个体对决策者的动机与意图做出"最坏"解读(BIES,1987)。在与下级管理者沟通时,上级管理者可以将战略目标作为设定预算目标的依据,使下级管理者相信预算目标的设定不具有偏见。因此,采用标准流程能够影响预算程序公平中的"偏见抑制"维度。此外,作为企业内部的利益相关者,企业内管理者群体的利益会受到战略规划流程的影响,因为预算目标关乎管理者的绩效评价和报酬(ITTNER et al.,1997;SIMONS,1987;邓传洲 等,2008)。标准流程使个体管理者认识到企业内管理者们所承担的预算目标与企业战略相关,进而认识到自身的利益与企业的长期目标存在联系。因此,标准流程有助于形成战略合力,强化个体管理者与企业内管理者群体的长期关系。根据预算程序公平的群体价值模型(LIND et al.,1988),个体与群体之间的长期关系有助于增强个体的预算程序公平感。预算目标是预算控制、预算评价的基础(KAPLAN et al.,2008b;FERREIRA et al.,2009;于增彪 等,2004)。在预算目标设定的过程中,预算程序公平会进而影响预算控制程序公平和预算评价程序公平。

综上所述,在企业选取与标准流程吻合的战略规划流程的情况下,其预算程序公平将会高于其他情况。基于上述分析,本章提出假说 H5-1。

假说 H5-1 企业战略规划流程与标准流程的吻合程度与预算程序公平正相关。

5.2.2 绩效指标因果联系与预算程序公平

根据以往的研究（BIRNBERG et al.，2006；MARKMAN et al.，2001；KRISHNAN et al.，2005）提出的观点，管理会计信息会对其使用者如何在思想上描绘自己所在的组织产生影响，进而对其使用者如何在思想上描绘组织内存在的各类因果关系（心智模型）产生影响。管理者理解业务环境的心智模型越准确，决策绩效越高（GARY et al.，2011；HUMPHREYS et al.，2016）。

绩效指标因果联系揭示了企业内不同职能的战略目标或绩效指标（预算目标）之间的关系（CHENHALL，2005），能够提高管理者"心智模型"的准确性（HUMPHREYS et al.，2016）。准确的心智模型可使上级管理者准确地理解各职能的预算目标与战略目标之间的联系，以及与各职能预算目标之间的联系。当为某一绩效指标设定目标值时，管理者对绩效指标因果联系的理解能够促使其参考其他职能对绩效目标值的设定。这使管理者更有可能排除个人偏见，做出客观的判断，并准确合理地设定预算目标。因此，绩效指标因果联系能够影响预算程序公平中的"偏见抑制"和"准确性"维度。此外，绩效指标因果联系能够帮助预算目标的设定者就"目标值是如何确定的"找出合理解释。例如，上级管理者可以告知他的下级管理者，既定的预算目标是为了支持企业战略或其他职能，或者其他职能的管理者有能力支持自己设定的预算目标，从而使下级管理者确信预算目标的设定并不具有偏见，从而影响预算程序公平中的"偏见抑制"维度。基于以上分析，本章提出假说 H5-2。

假说 H5-2 绩效指标因果联系与预算程序公平正相关。

5.2.3 战略规划流程与预算参与

Shields 和 Shields(1998)指出，研究者不仅应关注预算参与产生的影响，还应关注预算参与的先决条件(antecedent)。信息不对称(SHIELDS et al.，1993；KYJ et al.，2008)、工作间的相互依赖性(SHIELDS et al.，1998)、环境与工作的不确定性(SHIELDS et al.，1998)、领导风格(KYJ et al.，2008)以及预算在绩效评价中的应用(KYJ et al.,2008)都是影响预算参与行为的因素。

在战略规划流程中,设定目标值是编制预算之前的重要步骤(KAPLAN et al.,2008b)。如果下级管理者参与了目标值的设定,那么就构成了预算参与。与标准流程吻合的战略规划流程要求企业在战略目标的基础上选择绩效评价指标并设定其目标值(含预算目标)(KAPLAN et al.,2008b)。在这种机制下,战略层面的管理者与运营层面的管理者对共享信息的需求将会增加:一方面,运营层面的管理者在提出预算目标前,需要向战略层面的管理者获取信息以理解战略;另一方面,战略层面的管理者为了设定合理、可实现的战略目标和预算目标,也需要向运营层面的管理者获取信息。预算参与是上级管理者向下级管理者获取与工作相关的信息的重要途径,上下级信息共享(information sharing)的需要会促进预算参与(SHIELDS et al.,1993;SHIELDS et al.,1998)。因此,在企业的战略规划流程与标准流程吻合的情况下,各层级管理者的预算参与水平会比其他情况下的高。基于以上分析,本章提出假说 H5-3。

假说 H5-3 战略规划流程与标准流程的吻合程度与预算参与水平正相关。

5.2.4 绩效指标因果联系与预算参与

当为某种职能提出预算目标时,拥有准确心智模型的管理者会更全面地考虑与该职能相关的支持性职能的管理者会提出怎样的预算目标,以及该职能的预算目标能否支持其他职能管理者的预算目标和企业的战略目标,因此他会更需要获得不同职能的相关信息。当组织内一个单元依赖于另一个单元的材料、资源和信息时,工作间的相互依赖性(task interdependence)就会产生(MACINTOSH et al.,1987)。对绩效指标因果联系的感知促进管理者理解不同职能之间的工作依赖性。工作依赖性是管理者采用预算参与的重要原因(SHIELDS et al.,1998)。上级管理者使用预算参与获取与其工作相互依赖的工作的信息,进而协同这些工作的管理者设定预算目标(KANODIA,1993)。由此可以推断,绩效指标因果联系越强,企业内管理者的预算参与程度越高。基于以上分析,本章提出假说 H5-4。

假说 H5-4 绩效指标因果联系与预算参与水平正相关。

5.2.5 战略规划流程与绩效指标因果联系

企业内一些职能的绩效需要使用非财务指标衡量,许多非财务绩效指标,如专利数量、客户满意度等,属于领先性指标,即反映企业的长期绩效驱动因素,需要经过一段时间才能对企业利润产生可观测的影响(KAPLAN et al.,1996b;ITTNER et al.,1998b)。如果企业战略规划流程与标准流程吻合,那么管理者需要在战略的基础上确定绩效指标及其目标值,这种做法加强了绩效指标和战略目标间的对应关系。战略目标具有长远性,基于战略考虑企业内的诸多领先性指标,有助于管理者从长期的角度理清这些非财务指标如何影响财务绩效,并据此构建具有因果联系的绩效指标体系。

反之,如果企业的战略规划流程与标准流程不吻合,尤其是没有在战略目标的基础上确定绩效指标及其目标值,那么管理者将难以很好地了解自己承担的绩效目标与企业战略目标之间的联系。如果企业内诸多的领先性指标没有与企业的长期规划和战略产生联系,那么管理者将难以感知这些绩效指标与那些反映短期结果的财务绩效指标之间的因果联系。最终的结果是,企业难以形成一个因果联系明确的绩效指标体系。

基于以上分析,本章提出假说 H5-5。

假说 H5-5 战略规划流程与标准流程的吻合程度与绩效指标因果联系正相关。

5.2.6 预算参与、预算程序公平与管理者绩效

预算程序公平理论中的自利模型和群体价值模型均可以解释预算参与对预算程序公平的正向影响(TYLER,1989;LIND et al.,1988)。根据预算程序公平的自利模型,给个体管理者参与预算的机会能增强其公平感,因为个体管理者倾向于认为这种参与有助于其实现期望。另外,根据预算程序公平的群体价值模型,个体管理者能够通过预算参与向企业内的管理者群体表达自己的观点,这有助于增进个体与群体之间的关系,进而增强公平感。

Libby(1999)发现,在预算目标设定的过程中引入预算程序公平能够提升个人

的工作绩效。Wentzel(WENTZEL,2002)进一步发现,管理者的预算参与度和预算分配公平性是正相关的,这种公平性又与预算目标承诺正相关,而预算目标承诺与管理者绩效正相关;Maiga和Jacobs(2007)发现,预算参与可以增加预算程序公平,预算程序公平可以增加预算目标承诺,进而降低预算松弛产生的可能性。为了研究的完整性,本章的结构方程模型会加入路径以体现预算参与和预算程序公平之间、预算程序公平和管理者绩效之间的关系。

5.3 研究设计

5.3.1 样本选择

为了检验上述假说,本章采用问卷调查的方式收集数据。问卷(详见附录E)自2016年10月至2017年7月向中国部分企业的管理者发放。利用本书作者所在研究机构的校友关系及其与实务界的合作关系,本书作者取得了包含多种行业、多个层级的管理者名单。为确保填写问卷的人充分了解公司的管理会计实践,本研究将问卷发放对象的职位限定为公司董事长、总经理、总会计师或财务总监、其他高管、财务部门负责人、财务人员、业务部门负责人、其他业务管理者。最终,本章选择了554位管理者作为问卷发放对象。本研究于在线问卷调查网站上完成问卷编写,并将其通过即时通讯软件发送给管理者。本次调查共发放问卷554份,共回收问卷274份,其中有效问卷250份,总回收比率为49.46%,有效问卷回收比率为45.13%。

附录C展示了受访者的基本情况。在有效问卷的受访者中,84.40%为总会计师、财务总监、财务部门负责人或其他财务人员,64.40%来自国有企业,28.00%来自民营企业。除此之外,以中国证监会公布的《上市公司行业分类指引》(2012年修订)为分类标准,受访者所在行业涵盖了所有的19个行业门类。

5.3.2 变量测量

参考以往的文献,问卷问题常用于测量以下构念:战略规划流程(GIMBERT

et al.,2010)、绩效指标因果联系(CHENHALL,2005;GIMBERT et al.,2010;BISBE et al.,2012)、预算参与(MILANI,1975)、预算程序公平(孙健 等,2017)以及管理者绩效(MAHONEY et al.,1963;MAHONEY et al.,1965)。

1. 战略规划流程(SPP)

本章参考 Gimbert 等(2010)提出的方法捕捉个体企业战略规划流程的特征。Gimbert 等(2010)在问卷中询问受访者所在企业的战略绩效评价系统是否明确地包含战略目标、评价指标、目标值和行动方案。然而,以往的研究并未充分讨论这4个项目的排列顺序对企业的影响(GIMBER et al.,2010;BISBE et al.,2012)。本章参考并调整了上述方法。参考 Kaplan 和 Norton(2008b)提出的标准流程,本章将编制预算加入了战略规划流程。在调查问卷中,本章向受访者询问以下5个步骤是否被包含在企业的管理流程中,以及按怎样的顺序排列:①制定战略目标;②设计衡量指标;③设定目标值;④制定行动方案;⑤编制预算。在这一问题的基础上,本章定义了10个变量(std_12_f、std_13_f、std_14_f、std_15_f、std_23_f、std_24_f、std_25_f、std_34_f、std_35_f、std_45_f)用于捕捉5个步骤中每两个步骤的先后关系是否与 Kaplan 和 Norton(2008b)提出的"标准流程"吻合。例如,若企业的管理流程明确包含"制定战略目标"和"设计衡量指标"两个步骤,且企业会先"制定战略目标"后"设计衡量指标",则 std_12_f 等于1,否则等于0;再如,若企业的管理流程明确包含"制定行动方案"和"编制预算"两个步骤,且企业会先"制定行动方案"后"编制预算",则 std_45_f 等于1,否则等于0。特别地,如果上述10个变量之和等于10,就意味着根据受访者的信息,他所在企业的战略规划流程与"标准流程"完全吻合。

2. 预算参与(PRTP)

本章使用 Milani(1975)提出的方法测量预算参与,请求受访者使用7点 Likert 量表对以下6个问题进行评价(用"1"代表最低程度,用"7"代表最高程度):①下级管理者参与预算设定的程度($prtp\_1$);②预算调整时,上级管理者向下级管理者解释原因的充分性($prtp\_2$);③下级管理者针对预算发起讨论的频率($prtp\_3$);④下级管理者对最终预算的影响力($prtp\_4$);⑤下级管理者对预算编制的贡献的重要性(prtp_5);⑥设定预算目标时,上级管理者向下级管理者征求意见的频率(prtp_6)。

3. 绩效指标因果联系(LINK)

本章使用 Gimbert 等(2010)提出的方法测量绩效指标因果联系。Gimbert 等(2010)参考 Chenhall(CHENHALL,2005)提出的方法设计了 3 个用于测量绩效指标因果联系的问卷问题,这 3 个问题在 Bisbe 和 Malagueño(2012)的研究中被用于测量战略绩效评价系统中绩效指标因果联系的存在性。根据 Gimbert 等(2010)提出的方法,本章请求受访者使用 7 点 Likert 量表评价以下 3 个陈述与企业组织实际情况的符合程度(用"1"代表最低程度,用"7"代表最高程度):①企业的绩效目标和长期战略之间存在明确的因果联系(link_1);②企业的绩效评价指标体系考虑到了各类企业活动或各个职能之间的相互联系和因果关系(link_2);③企业的绩效评价指标体系能够帮助管理者认识到各类企业活动或各个职能之间的相互联系和因果关系(link_3)。

4. 预算程序公平(FAIR)

参考孙健等(2017)提出的测量方法,为了测量预算程序公平,本章请求受访者使用 7 点 Likert 量表评价对以下 3 个陈述的认同程度(用"1"代表最低程度,用"7"代表最高程度):①我认为预算编制的过程是公平的(fair_1);②我认为预算控制的过程是公平的(fair_2);③我认为预算评价的过程是公平的(fair_3)。在以上 3 个问题之外,孙健等(2017)基于 Leventhal(1980)提出的预算程序公平的 6 个标准——一致性(consistency)、偏见抑制(bias suppression)、准确性(accuracy)、可校正性(correctability)、可代表性(representativeness)以及伦理性(ethicality),构造了另一种测量预算程序公平的方法,并在问卷中请求受访者使用 7 点 Likert 量表对 21 条相关陈述的认同程度进行打分,发现两种方法产生的结果一致。

5. 管理者绩效(MP)

本章参考 Mahoney 等(1963,1965)的方法,请求受访者使用 7 点 Likert 量表就其自身在以下 9 个方面的实际绩效表现做出评价(用"1"代表最低,用"7"代表最高):①规划——制定目标、政策和行动路线(pfm_m_1);②调查——以记录、报告和账目的形式搜集信息(pfm_m_2);③协同——在组织中和除下属以外的其他人交换信息,从而建立不同项目的关联或做出调整(pfm_m_3);④评价——评价提案或绩效(如员工考评、判断财务绩效和产品检查)(pfm_m_4);⑤指导——引领并培养下属(pfm_m_5);⑥用人——在自己的部门维系工作团队(如选聘和提拔)(pfm_m_6);⑦谈判——采购、销售或签订单(如签约供应商、集中议价)(pfm_m_7);⑧代表——对外讲话、咨询和签约过程中代表公司利益(pfm_m_8);⑨总体绩效(pfm_m_9)。

5.3.3 统计方法

本章使用结构方程模型检验各个假说。两种常用方法可以估计结构方程模型:基于协方差的结构方程法(covariance-based SEM approach)和基于成分的结构方程法(component-based SEM approach)。后者使用 PLS 估计,被认为更适用于小样本和形成型模型(CHIN,1998;CHIN et al.,1999)。因此,本章使用 Smartpls 2.0 进行 PLS 估计:第一步估计测量模型的信度和效度,第二步估计结构方程模型。

5.4 实 证 结 果

5.4.1 信度和效度分析

主要变量的描述性统计如表 5-1 所示。表 5-2 展示了观测项目(行标题)的载荷与交叉载荷。参考 Chin(1998)提出的标准,本章从结构方程模型中剔除了载荷小于 0.7 的观测项目。表 5-2 中列出的观测项目与其他潜变量(列标题)的交叉载荷均小于其载荷,符合 Chin(1998)提出的标准。表 5-3 展示了各潜变量的 Cronbach's α 值、构成信度(Composite Reliability,CR)值和平均方差提取值

(Average Variance Extracted,AVE)。其中,所有潜变量的 Cronbach's α 值均大于 0.6,CR 值均大于 0.7,AVE 值均大于 0.5。根据 Fornell 和 Larcker(1981)提出的标准,每个潜变量与其观测项目分担的方差应该高于与其他潜变量之间的方差。AVE 代表潜变量与其观测项目分担的方差,体现潜变量的收敛效度(CHIN,1998)。因此,AVE 值的平方根应高于各个潜变量之间的相关系数,这与表 5-4 的结果一致。上述结果表明,各潜变量的信度与效度符合要求。

表 5-1 主要变量的描述性统计

	变量名	均值	标准差	最小值	中位数	最大值
战略规划流程(SPP)	std_12_f	0.788	0.410	0	1	1
	std_13_f	0.792	0.407	0	1	1
	std_14_f	0.780	0.415	0	1	1
	std_15_f	0.800	0.401	0	1	1
	std_23_f	0.368	0.483	0	0	1
	std_24_f	0.596	0.492	0	1	1
	std_25_f	0.464	0.500	0	0	1
	std_34_f	0.756	0.430	0	1	1
	std_35_f	0.696	0.461	0	1	1
	std_45_f	0.292	0.456	0	0	1
	SEQ	3.676	1.047	1	4	5
预算参与(PRTP)	prtp_1	3.776	1.613	1	4	7
	prtp_2	4.104	1.528	1	4	7
	prtp_3	3.460	1.359	1	3	7
	prtp_4	3.332	1.393	1	4	7
	prtp_5	4.016	1.578	1	4	7
	prtp_6	3.848	1.443	1	4	7
绩效指标因果联系(LINK)	link_1	4.668	1.580	1	5	7
	link_2	4.584	1.468	1	5	7
	link_3	4.480	1.506	1	5	7
预算程序公平(FAIR)	fair_1	4.480	1.465	1	5	7
	fair_2	4.556	1.486	1	4	7
	fair_3	4.464	1.426	1	4	7

续 表

	变量名	均值	标准差	最小值	中位数	最大值
管理者绩效（MP）	pfm_m_1	4.620	1.393	1	5	7
	pfm_m_2	4.788	1.335	1	5	7
	pfm_m_3	4.636	1.344	1	5	7
	pfm_m_4	4.668	1.282	1	5	7
	pfm_m_5	4.600	1.442	1	5	7
	pfm_m_6	4.664	1.388	1	5	7
	pfm_m_7	4.300	1.487	1	4	7
	pfm_m_8	4.884	1.433	1	5	7
	pfm_m_9	4.664	1.178	1	5	7

表 5-2 观测项目的载荷与交叉载荷

	FAIR	LINK	MP	PRTP	SPP
fair_1	**0.8992**	0.4105	0.3019	0.5793	0.1065
fair_2	**0.9306**	0.4402	0.3767	0.5602	0.1598
fair_3	**0.9279**	0.4604	0.4043	0.5319	0.1477
link_1	0.4186	**0.8264**	0.3060	0.3491	0.1905
link_2	0.3725	**0.8933**	0.3035	0.3590	0.1754
link_3	0.4577	**0.9156**	0.3349	0.3915	0.1918
pfm_m_3	0.3353	0.2615	**0.7762**	0.3346	0.1090
pfm_m_4	0.3495	0.3207	**0.7698**	0.3616	0.0981
pfm_m_5	0.3167	0.2712	**0.8222**	0.3280	0.2104
pfm_m_6	0.2642	0.2986	**0.7609**	0.3324	0.1160
pfm_m_8	0.2196	0.2251	**0.7005**	0.1829	0.1550
pfm_m_9	0.3338	0.3009	**0.8646**	0.3632	0.1270
prtp_1	0.4464	0.3005	0.2565	**0.7680**	0.0488
prtp_2	0.5652	0.3663	0.4134	**0.7815**	0.1474
prtp_3	0.4911	0.3897	0.3240	**0.8182**	0.1208
prtp_4	0.4788	0.2924	0.3135	**0.8314**	0.1802
prtp_5	0.4429	0.2661	0.3072	**0.8096**	0.0710
prtp_6	0.4580	0.3683	0.3436	**0.7892**	0.0757
std_12_f	0.1211	0.1587	0.1824	0.1364	**0.9094**
std_13_f	0.1869	0.2147	0.1668	0.1580	**0.9149**
std_14_f	0.1196	0.1850	0.1482	0.1067	**0.8510**
std_15_f	0.0879	0.1895	0.1017	0.0716	**0.8896**

注：表中加粗数字表示观测项目的载荷，其余为交叉载荷。

表 5-3　各潜变量的 Cronbach's α 值、构成信度值和平均方差提取值

	FAIR	LINK	MP	PRTP	SPP
Cronbach's α	0.908 3	0.852 2	0.874 5	0.887 6	0.914 4
CR	0.942 4	0.910 7	0.905 1	0.914 2	0.939 4
AVE	0.845 2	0.773 1	0.614 7	0.639 9	0.794 9

表 5-4　潜变量之间的相关系数及 AVE 的平方根

	FAIR	LINK	MP	PRTP	SPP
FAIR	**0.919 3**				
LINK	0.475 8	**0.879 3**			
MP	0.393 8	0.358 9	**0.784 0**		
PRTP	0.605 4	0.417 9	0.412 8	**0.799 9**	
SPP	0.150 7	0.211 8	0.170 6	0.137 2	**0.891 6**

注：表中加粗数字表示各潜变量 AVE 值的平方根。

5.4.2　结构方程的估计结果

结构方程模型的路径分析结果如表 5-5 所示。战略规划流程对预算程序公平的直接影响并不显著，但战略规划流程与标准流程的吻合程度会正向影响绩效指标因果联系，进而影响预算参与的程度，而绩效指标因果联系和预算参与会正向影响预算程序公平。如表 5-5 所示，路径"SPP→LINK"的估计系数为 0.211 8，在 1% 的水平上显著为正；路径"LINK→PRTP"的估计系数为 0.407 1，在 1% 的水平上显著为正；路径"LINK→FAIR"和"PRTP→FAIR"的估计系数分别为 0.264 9 和 0.490 9，也均在 1% 的水平上显著为正。综上所述，结构方程模型的路径分析结果为假说 H5-2、H5-4 和 H5-5 提供了证据，但不足以支持假说 H5-1 和 H5-3。此外，与以往的研究（WENTZEL，2002；MAIGA et al.，2007）一致，预算参与能正向影响预算程序公平，进而影响管理者绩效。图 5-2 展示了结构方程模型涉及的潜变量之间的关系，其中在 10% 及更高的水平上显著的路径用实线表示，其余路径用虚线表示。

表 5-5 结构方程模型的路径分析结果

	估计系数 (O)	Bootstrap 样本估计系数均值(M)	标准误 (STERR)	T 值 (|O/STERR|)	支持假说
FAIR→MP	0.393 8***	0.400 9	0.054 8	7.187 8	
LINK→FAIR	0.264 9***	0.262 4	0.066 4	3.991 7	H5-2
LINK→PRTP	0.407 1***	0.409 5	0.061 1	6.660 8	H5-4
PRTP→FAIR	0.490 9***	0.492 9	0.058 8	8.342 4	
SPP→FAIR	0.027 3	0.028 2	0.045 1	0.604 5	
SPP→LINK	0.211 8***	0.216 9	0.057 3	3.698 9	H5-5
SPP→PRTP	0.051 0	0.054 1	0.057 8	0.881 6	

注:Bootstrap 样本量为 5 000;"***"表示在 1% 的水平上双尾显著。

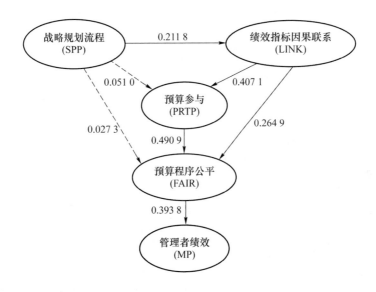

图 5-2 结构方程模型涉及的潜变量之间的关系

5.4.3 稳健性检验

为了保证研究结果的稳健性,本章参考 Gimbert 等(2010)提出的测量方法,在问卷中询问受访者所在单位的战略绩效评价系统是否明确包含 5 个要素——制定战略目标、设计衡量指标、设定目标值、制定行动方案、编制预算,记录受访者报告的要素数量(1~5),并将这一数值定义为变量 SEQ。SEQ 能够反映企业战略绩效评价系统中是否明确包含标准流程的 5 个步骤,但无法反映这些步骤的顺序(KAPLAN et al.,2008b)。将潜变量 SPP 替换为显变量 SEQ 后,结构方程回归的主要结果仍保持显著,如表 5-6 所示。

此外,考虑到受访者和其所在企业均存在个体差异,本章将受访者是否为财务人员、在职年数,以及企业资产规模、多元化程度、是否为国企、是否为制造业分别作为显变量加入结构方程模型①,以控制这些因素对预算参与、预算程序公平的影响,重新估计结构方程模型。结构方程回归的主要结果仍保持显著,在此不再列示。

表 5-6 稳健性检验

	估计系数 (O)	Bootstrap 样本估计系数均值(M)	标准误 (STERR)	T 值 (|O/STERR|)	支持假说
FAIR→MP	0.393 7***	0.400 9	0.056 8	6.931 2	
LINK→FAIR	0.261 6***	0.260 0	0.064 8	4.038 3	H5-2
LINK→PRTP	0.370 8***	0.374 3	0.069 9	5.306 5	H5-4
PRTP→FAIR	0.488 7***	0.491 7	0.057 9	8.435 0	
SEQ→FAIR	0.027 8	0.026 6	0.054 8	0.507 7	
SEQ→LINK	0.392 1***	0.390 7	0.064 2	6.111 7	H5-5
SEQ→PRTP	0.119 6*	0.118 4	0.071 8	1.666 4	

注:Bootstrap 样本量为 5 000;"***"和"*"分别表示在 1%和 10%的水平上双尾显著。

5.5 本章小结

本章使用制定战略目标、设计衡量指标、设定目标值、制定行动方案和编制预

---

① "是否为财务人员"是哑变量,根据受访者填写的职务生成;"在职年数"是根据受访者填写的在职年数生成的标准化值;"企业资产规模"和"多元化程度"根据受访者填写的分级量表生成;"是否为国企"是哑变量,根据受访者填写的公司类型生成;"是否为制造业"为哑变量,当受访者来自制造业企业时取 1,否则取 0。问题设计详见附录 E。

算的排序捕捉企业在战略规划流程上的差异,通过结构方程模型分析问卷数据,考察战略规划流程对预算程序公平的影响机制。结果显示,企业的战略规划流程与制定战略目标、设计衡量指标、设定目标值、制定行动方案、编制预算依次排列的吻合程度会正向影响绩效指标因果联系,绩效指标因果联系进而或者直接正向影响预算程序公平,或者通过促进预算参与间接正向影响预算程序公平。

本章的发现意味着,在管理实践中,将衡量指标的选取、目标值的设定、行动方案的制定和预算的编制基于企业战略目标,有助于企业组织内的管理者更好地认识绩效指标之间的因果联系。企业组织内对绩效指标因果联系的认识有助于上级管理者为设定的预算目标值做出合理化解释,使下级管理者理解目标值设定的原因,从而增强对预算程序公平的感知。此外,绩效指标因果联系还能使管理者们认识到不同工作之间的相互依赖性,从而促进企业形成预算参与机制,进而增强预算程序公平。

本章讨论了战略规划流程与预算程序公平之间的联系,为探究战略规划流程对企业组织的影响提供了重要证据。本章拓展了预算程序公平的研究,从预算程序的角度探讨企业的战略规划流程,考察了战略规划流程与预算程序公平之间的联系,可以为组织公平的研究提供新的线索。本章的研究结果对于实务界也存在启示:设定一个合理的战略规划流程,能够帮助企业公平地编制预算,从而帮助管理者实现更高的绩效。

第6章 战略规划流程、绩效指标因果联系与预算目标承诺

6.1 引　　言

战略绩效评价系统中包含着战略目标和绩效指标的目标值(CHENHALL,2005;BISBE et al.,2012),这意味着目标设定是战略绩效评价系统应用过程中的重要工作。目标承诺,即实现目标的决心(LOCKE et al.,1981),是调节目标设定与绩效之间关系的重要因素(KLEIN et al.,1999)。当个体具有目标承诺且能投入特定目标时,会产生更高水平的绩效(LOCKE et al.,1981)。在预算管理领域,以往研究表明,预算参与能够通过增强下级管理者的公平感而增加预算目标承诺,预算目标承诺进而能够提升绩效(CHONG et al.,2002;WENTZEL,2002)或降低管理者制造预算松弛的倾向(MAIGA et al.,2007)。然而,以往有关预算目标承诺的研究多聚焦于预算参与对目标承诺的影响,并未广泛而深入地考察影响预算目标承诺的其他因素。

如第5章所述,战略规划流程和绩效指标因果联系是战略绩效评价系统的两大重要特征(BISBE et al.,2012;CHENHALL,2005)。已有的案例证据(LANGLEY,1988)显示,战略规划能够沟通战略,构建共识,使战略方针"合法化",并对组织施加引导和控制。而根据Locke等(1988)的观点,当个体相信权威人士所下达的任务具有"合法性"时,会倾向于服从权威,进而产生目标承诺。战略

绩效评价系统的研究已经揭示了预算目标与战略规划的紧密联系(KAPLAN et al.,2008b),但以往有关预算目标承诺的研究并未就战略绩效评价系统的特征能否影响预算目标承诺这一问题进行深入讨论。鉴于此,本章将考察两种战略绩效评价系统特征——战略规划流程和绩效指标因果联系——对预算目标承诺的影响。

延续上一章的思路,本章继续将 Kaplan 和 Norton(2008b)提出的制定战略目标、设计衡量指标、设定目标值、制定行动方案、编制预算依次排列的战略规划流程作为标准流程,将企业的战略规划流程与这一流程对比,进而捕捉不同企业战略规划流程的差异。具体而言,本章研究的第一个问题是,企业的战略规划流程与制定战略目标、设计衡量指标、设定目标值、制定行动方案、编制预算依次排列的吻合程度是否会增加预算目标承诺;本章研究的第二个问题是,绩效指标因果联系是否会增加预算目标承诺;考虑到预算目标承诺与预算松弛的关系(MAIGA et al.,2007),本章研究的第三个问题是,绩效指标因果联系是否会导致预算松弛的产生。

为了研究上述问题,本章通过问卷调查的方式收集数据,使用结构方程法分析数据。基于 250 位管理者回复的问卷信息,结构方程法的估计结果显示:企业的战略规划流程与制定战略目标、设计衡量指标、设定目标值、制定行动方案、编制预算依次排列的吻合程度越高,预算目标承诺越高;绩效指标因果联系越强,预算目标承诺越高;当绩效指标因果联系较强时,预算的使用更倾向于为业务单元带来很高的生产力,并督促管理者谨慎地管理成本。

本章的研究贡献有以下 3 点。第一,本章的研究拓展了对战略绩效评价系统的研究,具体地揭示了两种典型特征——战略规划流程和绩效指标因果联系——对企业组织的影响。第二,本章的研究拓展了对预算目标承诺的研究,进一步揭示了战略绩效评价系统的设计与预算目标承诺之间的联系。第三,本章的研究对于实务的启示在于:设定合理的战略规划流程,并构建具有因果联系的战略绩效指标体系,能够使企业内管理者和员工更愿意接受预算目标并为之付出努力。

6.2 理论分析与研究假说

如图 6-1 所示,本章关注战略规划流程(SPP)与绩效指标因果联系(LINK)对预算目标承诺(CMT)与预算松弛的产生(SLACK)的影响。第5章的研究结果已经支持了战略规划流程对绩效指标因果联系的正向影响,而以往的研究还发现了预算目标承诺对管理者绩效的正向影响(CHONG et al.,2002)以及预算松弛的产生对管理者绩效的负向影响(DUNK et al.,1998)。本章在结构方程模型中体现了上述关系,如图6-1所示,其中H6-1、H6-2和H6-3是本章研究提出的假说。

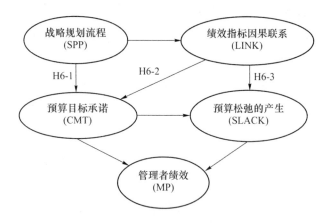

图 6-1　本章的结构方程模型

6.2.1　战略规划流程与预算目标承诺

目标设定理论(goal-setting theory)和目标承诺(goal commitment)是调节目标设定与绩效之间关系的重要因素(LOCKE et al.,2006)。当个体相信权威人士所下达的任务具有"合法性"时会倾向于服从权威,因此具有合法性的权威是做出目标承诺的重要决定因素(LOCKE et al.,2006)。根据 Locke 等(2006)的研究,目标承诺的决定因素分为3类:外部因素(包括权威、同伴影响和外在奖励)、内部因素(预期、自我效能和自我奖励)和交互性因素(上下级参与、同伴参与)。合法性权威是影响目标承诺的重要外因(LOCKE et al.,2006)。French 和 Raven(1959)认为,目标承诺反映了人们对合法性权威的遵从。Barnard(1968)提出,具有合法性的权威并不源于上级管理者本身,而源于下级管理者对上级管理者权威的认同,在以下3个条件下,个体将倾向于服从权威:①个体能够理解上级管理者所沟通传达的命令;②个体相信上级管理者传达的命令与组织目标和其个人利益一致;③个体在思想上和身体上有能力服从命令。

　　Kaplan和Norton(2008b)的战略规划流程有以下5个步骤：①制定战略目标；②设计衡量指标；③设定目标值；④制定行动方案；⑤编制预算。与第5章类似，本章将以Kaplan和Norton的战略规划流程为标准，对比企业的战略规划流程与这一流程的差异。为便于叙述，下文将Kaplan和Norton(2008b)提出的战略规划流程简称为"标准流程"。在标准流程下，下级管理者所承担的目标值、行动方案和预算都会在战略目标的基础上确定，因此下级管理者会倾向于相信上级管理者下达的绩效指标目标值、行动方案和预算是用于实现企业战略目标的，进而相信上级传达的命令与组织目标是一致的。标准流程会在战略目标的基础上生成绩效指标和目标值，进而形成行动方案，并在行动方案的基础上编制预算。行动方案使目标值具有可行性，也奠定了预算编制的基础。因此，行动方案能够使下级管理者倾向于相信目标值是可以实现的。综上所述，采用标准流程，能够使下级管理者相信自己所承担的绩效指标目标值（即预算目标）和企业组织的战略目标一致，并且使下级管理者相信自己具有完成目标值的能力。这会增加预算目标的权威性(BARNARD,1968)，从而增加下级管理者的预算目标承诺(FRENCH et al.,1959)。基于上述分析，本章提出假说H6-1。

假说 H6-1　战略规划流程与标准流程的吻合程度与预算目标承诺正相关。

6.2.2　绩效指标因果联系与预算目标承诺

　　战略地图展示了绩效指标之间的因果联系，它展示了非财务战略目标之间如何互相影响并驱动财务层面的战略目标，以及关键绩效指标（Key Performance Indicator,KPI）如何衡量战略目标(KAPLAN et al.,2008b)。在平衡计分卡框架下，绩效指标的因果联系帮助企业的管理者之间达成共识，对于沟通战略起到重要作用(ARANDA et al.,2010)。绩效指标因果联系不仅存在于与战略地图结合的平衡计分卡框架中，它还是战略绩效评价系统的一种特征(CHENHALL,2005)。相互联系的绩效指标能够帮助管理者识别运营与战略间的因果关系(CHENHALL,2005)。因此，在平衡计分卡框架之外，绩效指标因果联系仍可能促进企业组织内部的战略沟通。如果下级管理者能够意识到自己所承担的绩效指标目标值与特定战略目标关联,且企业组织内不同方面的战略目标之间彼此存在因果联系,并最终驱动企业的长期绩效,那么他们就能够更好地理解自己所承担的绩效指标目标值。目标值的设定是上级管理者对下级管理者传达的命令,如果下级管理者能够充分地理解这种命令,那么他们将愿意服从上级管理者的权威(BARNARD,1968),从而增加对目标的承诺(FRENCH et al.,1959)。

绩效指标因果联系揭示了不同职能的管理者所负责的绩效指标目标值如何驱动企业的长期财务绩效(KAPLAN et al.,2008b;CHENHALL,2005)。因此,绩效指标因果联系能够促使下级管理者相信自己所承担的绩效指标目标值和预算目标与企业的长期目标一致。而作为企业的利益相关者,长期财务绩效关乎管理者的利益。当个体相信上级管理者传达的命令与组织目标和其个人利益一致时,他们就会倾向于服从上级管理者的权威(BARNARD,1968),从而增加对目标的承诺(FRENCH et al.,1959)。

绩效指标因果联系能够使管理者意识到自己所承担的绩效指标受到其他绩效指标的支持和驱动,进而使管理者意识到其他职能和业务单元实现目标值将帮助其实现自己所承担的目标值。例如,在平衡计分卡框架下,学习成长层面的绩效指标驱动内部流程层面的绩效指标;内部流程层面的绩效指标驱动客户层面的绩效指标;客户层面的绩效指标驱动财务层面的绩效指标(KAPLAN et al.,2008b)。因此,绩效指标因果联系能够使管理者更加确信上级管理者传达的命令(绩效指标目标值和预算目标值)是可以实现的。当个体在思想上和身体上有能力服从命令时,他们会倾向于服从上级管理者的权威(BARNARD,1968),从而增加对预算目标的承诺(FRENCH et al.,1959)。

综上所述,绩效指标的目标值可以被用作财务或业务预算的目标,绩效指标因果联系会使管理者倾向于做出预算目标承诺。基于上述分析,本章提出假说H6-2。

假说 H6-2 绩效指标因果联系与预算目标承诺正相关。

6.2.3 绩效指标因果联系与预算松弛的产生

预算目标承诺可以降低管理者产生预算松弛的倾向(MAIGA et al.,2007)。

这也意味着绩效指标因果联系可以通过影响预算目标承诺进而影响预算松弛的产生。除此之外,本章认为绩效指标因果联系还可以通过其他渠道影响预算松弛的产生,管理者心智模型的准确性便是其中之一。心智模型是体系内的因果联系在思维上的主观表现,它可以被用于支持决策或者解释、预测复杂的现象(MARKMAN et al.,2001)。Humphreys 等(2016)发现在平衡计分卡框架下,绩效指标之间的因果联系提高了管理者心智模型的准确性,进而导致了更高的长期绩效。同理,在平衡计分卡框架之外,如果管理者能够更充分地意识到绩效指标之间的因果联系,那么他们同样可以形成更准确的心智模型,从而更准确地预测能否实现特定水平的预算目标。因此,心智模型增加了管理者工作任务的可预测性,降低了感知上的工作任务不确定性。当管理者感觉工作任务的不确定性较高时,他们在事前无法知道完成工作任务所消耗的资源定额,便会制造预算松弛以防止关键资源的短缺(MERCHANT,1985;LUKKA,1988)。相反,当管理者感觉工作任务的不确定性较低时,他们制造预算松弛的倾向则会较低。基于上述分析,本章提出假说 H6-3。

假说 H6-3 绩效指标因果联系与预算松弛的产生负相关。

6.3 研 究 设 计

6.3.1 样本选择

本章的样本选择方法与第 5 章相同,并共用调查问卷。问卷自 2016 年 10 月至 2017 年 7 月向中国部分企业的管理者发放。通过本书作者所在研究机构的校友关系及其与实务界的合作关系,本书作者取得了多种行业、多个层级的管理者名单。为确保填写问卷的人充分了解公司的管理会计实践,本章研究将问卷发放对象的职位限定为公司董事长、总经理、总会计师或财务总监、其他高管、财务部门负责人、财务人员、业务部门负责人、其他业务管理者。最终,本章选择了 554 位管理者作为问卷发放对象。

本研究于在线问卷调查网站上完成问卷编写,并将其通过即时通信软件发送给管理者,共发放问卷554份,回收问卷274份,其中有效问卷250份,总回收比率为49.46%,有效问卷回收比率为45.13%。附录C展示了受访者的基本情况。有效问卷的受访者中,84.40%为总会计师、财务总监、财务部门负责人或其他财务人员,64.40%来自国有企业,28.00%来自民营企业。除此之外,以中国证监会《上市公司行业分类指引》(2012年修订)为分类标准,受访者所在行业涵盖了所有19个行业门类。

6.3.2 变量测量

参考以往的文献,问卷问题常用于测量以下构念:战略规划流程(GIMBERT et al.,2010)、绩效指标因果联系(CHENHALL,2005;GIMBERT et al.,2010;BISBE et al.,2012)、预算目标承诺(HOLLENBECK et al.,1989)、预算松弛的产生(VAN DER STEDE,2000)以及管理者绩效(MAHONEY et al.,1963;MAHONEY et al.,1965)。

1. 战略规划流程(SPP)

本章战略规划流程(SPP)的度量方法与上一章相同。Gimbert等(2010)在问卷中询问受访者所在企业的战略绩效评价系统是否明确地包含:①制定战略目标;②设计衡量指标;③设定目标值;④制定行动方案。在以往的研究中,上述4个环节的排列顺序并未得到充分的讨论(GIMBERT et al.,2010;BISBE et al.,2012)。参考Kaplan和Norton(2008b)的观点,本章将"编制预算"加入了战略规划流程。在调查问卷中,本章向受访者询问制定战略目标、设计衡量指标、设定目标值、制定行动方案、编制预算这5个步骤是否被包含在企业的管理流程中,以及按怎样的顺序排列。在这一问题的基础上,本章定义了10个变量(std_12_f、std_13_f、std_14_f、std_15_f、std_23_f、std_24_f、std_25_f、std_34_f、std_35_f、std_45_f)来捕捉5个步骤中每两个步骤的先后关系是否与"标准流程"吻合。例如,若企业的管理流程明确包含"制定战略目标"和"设计衡量指标"两个步骤,且企业会先"制定战略目标"后"设计衡量指标",则std_12_f等于1,否则等于0;再如,若企业的管理流程明确

第6章 战略规划流程、绩效指标因果联系与预算目标承诺

包含"制定行动方案"和"编制预算"两个步骤,且企业会先"制定行动方案"后"编制预算",则std_45_f等于1,否则等于0。特别地,如果上述10个变量之和等于10,就意味着根据受访者的信息,他所在企业的战略规划流程与"标准流程"完全吻合。

2. 绩效指标因果联系(LINK)

本章绩效指标因果联系(LINK)的度量方法与第5章相同。本章参考Chenhall(2005)、Gimbert 等(2010)以及 Bisbe 和 Malagueño(2012)提出的方法,请求受访者使用7点Likert量表评价以下3个陈述与企业组织实际情况的符合程度(用"1"代表最低程度,用"7"代表最高程度):①企业的绩效目标和长期战略之间存在明确的因果联系(link_1);②企业的绩效评价指标体系考虑到了各类企业活动或各个职能之间的相互联系和因果关系(link_2);③企业的绩效评价指标体系能够帮助管理者认识到各类企业活动或各个职能之间的相互联系和因果关系(link_3)。

3. 预算目标承诺(CMT)

本章使用Hollenbeck等(1989)提出的方法测量预算目标承诺,请求受访者使用7点Likert量表评价以下9个陈述与企业组织实际情况的符合程度(用"1"代表最低程度,用"7"代表最高程度):①管理者致力于实现预算目标(cmt_1);②管理者愿意付出加倍的努力来实现预算目标(cmt_2);③坦诚地说,管理者其实并不关心预算目标是否实现(cmt_3)(逆序);④努力实现了预算目标,也不会让管理者得到什么(cmt_4)(逆序);⑤根据当前季度的实际情况,预算目标很可能做出调整(cmt_5)(逆序);⑥管理者放弃预算目标并不需要付出很大的代价(cmt_6)(逆序);⑦想要达到当前的预算目标不太现实(cmt_7)(逆序);⑧由于不实际做就无从知晓会遇到什么难题,所以预算很难得到重视(cmt_8)(逆序);⑨管理者认为预算目标是很好的努力方向(cmt_9)。

4. 预算松弛的产生(SLACK)

本章使用Van der Stede(2000)提出的方法测量预算松弛的产生,请求受访者使用7点Likert量表评价以下5个陈述与企业组织实际情况的符合程度(用"1"代表最低程度,用"7"代表最高程度):①管理者可以成功地上报很容易达成的预算

(slack_1);②预算可以为业务单元带来很高的生产力(逆序)(slack_2);③预算能督促管理者谨慎地管理成本(逆序)(slack_3);④预算并没有督促管理者关注业务单元的效率的提高(slack_4);⑤总体而言,预算目标很容易完成(slack_5)。

5. 管理者绩效(MP)

与第5章相同,本章参考Mahoney等(1963,1965)提出的方案,请求受访者使用7点Likert量表就其自身在以下9个方面实际的绩效表现做出评价(用"1"代表最低,用"7"代表最高):①规划——制定目标、政策和行动路线(pfm_m_1);②调查——以记录、报告和账目的形式搜集信息(pfm_m_2);③协同——在组织中和除下属以外的其他人交换信息,从而建立不同项目之间的关联或做出调整(pfm_m_3);④评价——评价提案或绩效(如员工考评、判断财务绩效和产品检查)(pfm_m_4);⑤指导——引领并培养下属(pfm_m_5);⑥用人——在自己的部门维系工作团队(如选聘和提拔)(pfm_m_6);⑦谈判——采购、销售或签订单(如签约供应商、集中议价)(pfm_m_7);⑧代表——对外讲话、咨询和签约过程中代表公司利益(pfm_m_8);⑨总体绩效(pfm_m_9)。

6.3.3 统计方法

本章的统计方法与第5章相同,使用结构方程模型检验各个假说,并使用Smartpls 2.0进行PLS估计:第一步估计测量模型的信度和效度,第二步估计结构方程模型。

6.4 实 证 结 果

6.4.1 信度和效度分析

与第5章相比,新增主要变量的描述性统计如表6-1所示。表6-2展示了观测项目的载荷与交叉载荷。参考Chin(1998)提出的标准,本章从结构方程模型中剔除了载荷小于 0.7 的项目。表 6-2 中所列出的观测项目与其他潜变量的交叉载荷均小于其载荷，符合 Chin(1998)提出的标准。表 6-3 展示了各潜变量的 Cronbach's α 值、构成信度(CR)值和平均方差提取值(AVE)。所有潜变量的 Cronbach's α 值均大于 0.6，CR 值均大于 0.7，AVE 值均大于 0.5。根据 Fornell 和 Larcker(1981)提出的标准，每个潜变量与其观测项目分担的方差应该高于与其他潜变量之间的方差。AVE 代表潜变量与其观测项目分担的方差，体现潜变量的收敛效度(CHIN，1998)。因此，AVE 值的平方根应高于各个潜变量之间的相关系数，这与表 6-4 的结果一致。上述结果表明，各潜变量的信度与效度均符合要求。

表 6-1 新增主要变量描述性统计

变量名		均 值	标准差	最小值	中位数	最大值
预算目标承诺（CMT）	cmt_1	5.440	1.376	1	6	7
	cmt_2	5.204	1.378	1	5	7
	cmt_3	5.188	1.686	1	6	7
	cmt_4	4.872	1.826	1	5	7
	cmt_5	3.804	1.730	1	4	7
	cmt_6	4.476	1.912	1	5	7
	cmt_7	4.336	1.710	1	4	7
	cmt_8	4.248	1.784	1	4	7
	cmt_9	5.156	1.466	1	5	7
预算松弛的产生（SLACK）	slack_1	4.292	1.681	1	4.5	7
	slack_2	3.796	1.339	1	4	7
	slack_3	3.148	1.442	1	3	7
	slack_4	3.852	1.588	1	4	7
	slack_5	3.688	1.405	1	4	7

表 6-2 观测项目的载荷与交叉载荷

	CMT	LINK	MP	SLACK	SPP
cmt_1	**0.903 0**	0.465 8	0.325 5	−0.484 7	0.226 4
cmt_2	**0.923 9**	0.447 2	0.383 5	−0.574 9	0.252 6
cmt_9	**0.818 8**	0.411 4	0.281 1	−0.511 7	0.208 0

续 表

	CMT	LINK	MP	SLACK	SPP
link_1	0.441 1	**0.829 5**	0.304 3	−0.395 4	0.190 1
link_2	0.425 7	**0.895 3**	0.302 1	−0.383 6	0.175 6
link_3	0.450 2	**0.910 8**	0.335 0	−0.404 5	0.192 2
pfm_m_3	0.266 6	0.262 2	**0.747 5**	−0.287 1	0.106 6
pfm_m_4	0.245 4	0.319 2	**0.754 1**	−0.382 0	0.096 2
pfm_m_5	0.286 6	0.271 4	**0.817 5**	−0.287 4	0.208 1
pfm_m_6	0.320 6	0.298 5	**0.781 7**	−0.301 5	0.114 9
pfm_m_8	0.316 0	0.224 5	**0.737 4**	−0.287 8	0.154 9
pfm_m_9	0.332 7	0.300 6	**0.864 3**	−0.298 4	0.124 9
slack_2	−0.487 3	−0.360 1	−0.349 8	**0.889 6**	−0.187 8
slack_3	−0.581 8	−0.446 7	−0.361 1	**0.918 0**	−0.224 0
std_12_f	0.205 9	0.158 7	0.181 7	−0.195 1	**0.905 0**
std_13_f	0.275 7	0.214 7	0.167 8	−0.243 3	**0.910 1**
std_14_f	0.227 1	0.184 8	0.149 5	−0.205 0	**0.854 7**
std_15_f	0.207 6	0.189 3	0.106 7	−0.163 4	**0.896 7**

注：表中加粗数字表示观测项目的载荷，其余为交叉载荷。

表 6-3 潜变量的 Cronbach's α 值、构成信度值和平均方差提取值

	CMT	LINK	MP	SPP	SLACK
Cronbach's α	0.857 5	0.852 2	0.874 5	0.914 4	0.777 2
CR	0.913 8	0.910 8	0.905 7	0.939 6	0.899 3
AVE	0.779 8	0.773 1	0.616 3	0.795 5	0.817 1

表 6-4 潜变量相关系数及 AVE 值的平方根

	CMT	LINK	MP	SPP	SLACK
CMT	**0.883 1**				
LINK	0.500 0	**0.879 3**			
MP	0.376 1	0.357 5	**0.785 0**		
SPP	0.260 3	0.211 9	0.170 2	**0.891 9**	
SLACK	−0.594 5	−0.449 3	−0.393 3	−0.229 0	**0.903 9**

注：表中加粗数字表示各潜变量 AVE 值的平方根。

6.4.2 结构方程的估计结果

结构方程模型的路径分析结果如表 6-5 所示。与第 5 章的结果一致,战略规划流程与标准流程的吻合程度正向影响绩效指标因果联系。以上两个构念均正向影响预算目标承诺。路径"SPP→CMT"和"LINK→CMT"的估计系数分别为 0.161 6 和 0.465 7,分别在 5% 和 1% 的水平上显著为正。上述结果支持假说 H6-1、H6-2。预算目标承诺直接正向影响管理者绩效,或者通过减少预算松弛的产生间接正向影响管理者绩效。

绩效指标因果联系负向影响预算松弛的产生。路径"LINK→SLACK"的估计系数为 -0.202 7,在 5% 的水平上显著为负。然而,预算松弛的产生(SLACK)这一潜变量中仅保留了两个载荷大于 0.7 的观测项目,它们对应的问卷问题分别是"预算可以为业务单元带来很高的生产力"和"预算能督促管理者谨慎地管理成本"。本章认为,上述两个观测项目不能充分地捕捉预算松弛的产生这一构念。因此,谨慎起见,本章认为结构方程的估计结果不能充分支持假说 H6-3。图 6-2 展示了本章涉及的潜变量之间的关系。

表 6-5 结构方程模型的路径分析结果

路 径	估计系数 (O)	Bootstrap 样本估计系数均值(M)	标准误 (STERR)	T 值 (|O/STERR|)	支持假说
CMT→MP	0.220 1***	0.223 9	0.077 7	2.832 6	
CMT→SLACK	-0.493 2***	-0.489 7	0.067 9	7.257 9	
LINK→CMT	0.465 7***	0.464 8	0.056 9	8.191 4	H6-2
LINK→SLACK	-0.202 7**	-0.207 8	0.077 8	2.605 4	
SPP→CMT	0.161 6**	0.162 3	0.058 1	2.780 2	H6-1
SPP→LINK	0.211 9***	0.217 4	0.057 4	3.693 0	
SLACK→MP	-0.262 5***	-0.263 8	0.080 4	3.266 3	

注:Bootstrap 样本量为 5 000;"***""**"分别表示在 1%、5% 的水平上双尾显著。

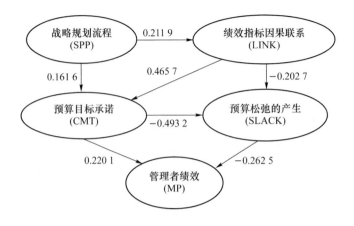

图 6-2 本章涉及的潜变量之间的关系

6.4.3 稳健性检验

1. 控制预算参与和预算程序公平的影响

第 5 章的研究发现,绩效指标因果联系会增加企业内的预算参与和预算程序公平。Wentzel 发现,管理者对预算参与的感知和对预算公平的感知是正相关的,这种公平性又与目标承诺正相关,而目标承诺与管理者绩效正相关(WENTZEL,2002)。Maiga 和 Jacobs(2007)发现,预算参与促进预算程序公平,预算程序公平增进预算目标承诺,进而降低预算松弛的产生倾向。除此之外,预算参与还有可能通过其他渠道影响预算松弛的产生(DUNK et al.,1998;MERCHANT,1985)和管理者绩效(BROWNELL et al.,1986;DUNK,1989;KREN,1992)。为了进一步检验假说,本章需要考虑预算参与和预算程序公平的中介效应。

鉴于此,如图 6-3 所示,本章在新的结构方程模型中加入预算参与(PRTP)和预算程序公平(FAIR)这两个潜变量。预算参与的度量方式参考 Milani(1975)提出的方法,而预算程序公平的度量方式参考孙健等(2017)提出的方法。在问卷中,两者的观测项目均使用 7 点 Likert 量表度量。在此基础上,本章在结构方程模型中加入新的路径以体现下列影响关系:①绩效指标因果联系→预算参与;②绩效指标因果联系→预算程序公平;③预算程序公平→预算目标承诺;④预算参与→预算松弛的产生;⑤预算参与→管理者绩效。本章将受访者是否为财务人员(FINANCIAL)、在职年数(EXPERIENCE),以及企业资产规模(SIZE)、多元化程度(DIVERSITY)、是否为国企(STATE)、是否为制造业(IND)分别作为显变量加入结构方程模型,以控制这些因素对战略规划流程、绩效指标因果联系、预算目标承诺、预算松弛的产生、预算参与、预算程序公平的影响①。如表6-6所示,在新的结构方程模型中,稳健性检验的主要结果仍保持显著。

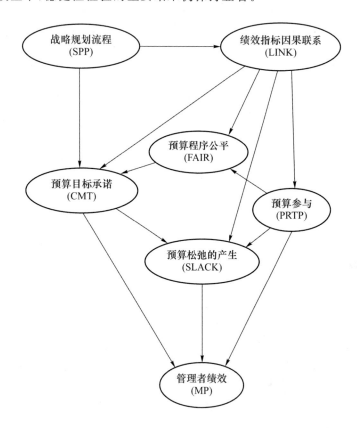

图 6-3 稳健性检验的结构方程模型

---

① 在实际操作中,结构方程模型多路径的特点导致分析问卷数据时难以引入大量的行业固定效应。本书参考以往调查研究的常见做法(肖泽忠等,2009;诸波等,2015),按制造业和非制造业对行业进行分类。

表 6-6 稳健性检验

	路　径	估计系数（O）	Bootstrap样本估计系数均值（M）	标准误（STERR）	T值（|O/STERR|）
主要变量之间的关系	CMT→MP	0.154 8*	0.156 8	0.083 1	1.861 4
	CMT→SLACK	−0.423 9***	−0.420 1	0.072 2	5.873 2
	FAIR→CMT	0.251 2***	0.251 9	0.057 7	4.356 6
	LINK→CMT	0.335 5***	0.334 6	0.062 6	5.358 1
	LINK→FAIR	0.287 9***	0.288 6	0.071 1	4.051 7
	LINK→PRTP	0.416 8***	0.417 9	0.060 8	6.858 1
	LINK→SLACK	−0.141 7*	−0.145 3	0.077 4	1.830 5
	PRTP→FAIR	0.462 7***	0.463 5	0.062 5	7.399 1
	PRTP→MP	0.260 5***	0.264 1	0.077 2	3.375 3
	PRTP→SLACK	−0.226 5***	−0.227 1	0.058 0	3.903 4
	SLACK→MP	−0.178 6**	−0.179 0	0.082 7	2.159 3
	SPP→CMT	0.138 2**	0.137 8	0.058 0	2.381 7
	SPP→LINK	0.175 5***	0.178 3	0.061 1	2.872 6
控制变量与主要变量的关系	FINANCIAL→CMT	−0.000 4	−0.000 1	0.049 5	0.008 4
	FINANCIAL→FAIR	0.105 6**	0.105 9	0.044 3	2.383 9
	FINANCIAL→LINK	−0.056 7	−0.055 1	0.061 3	0.924 6
	FINANCIAL→PRTP	0.145 8**	0.144 1	0.062 4	2.337 3
	FINANCIAL→SPP	−0.056 2	−0.055 2	0.056 0	1.002 9
	EXPERIENCE→CMT	−0.038 9	−0.039 3	0.048 3	0.804 5
	EXPERIENCE→FAIR	−0.092 0*	−0.094 7	0.053 8	1.711 0
	EXPERIENCE→LINK	−0.007 6	−0.008 4	0.061 1	0.124 5
	EXPERIENCE→PRTP	−0.069 2	−0.069 0	0.049 9	1.387 1
	EXPERIENCE→SPP	0.029 0	0.028 8	0.058 9	0.492 8
	SIZE→CMT	0.155 6***	0.155 3	0.055 4	2.806 8
	SIZE→FAIR	0.006 6	0.007 1	0.055 2	0.119 7
	SIZE→LINK	0.113 8	0.112 8	0.075 3	1.510 7
	SIZE→PRTP	0.182 3***	0.184 1	0.067 9	2.683 7
	SIZE→SPP	0.129 9**	0.131 2	0.064 7	2.009 4
	DIVERSITY→CMT	−0.089 9	−0.088 6	0.056 9	1.580 1
	DIVERSITY→FAIR	0.026 9	0.026 6	0.053 2	0.505 0

续表

路　径		估计系数 (O)	Bootstrap 样本估计系数均值(M)	标准误 (STERR)	T 值 ($\lvert O/\text{STERR}\rvert$)
控制变量与主要变量的关系	DIVERSITY→LINK	0.012 7	0.014 9	0.075 9	0.167 1
	DIVERSITY→PRTP	−0.041 4	−0.041 8	0.065 5	0.632 3
	DIVERSITY→SPP	0.017 3	0.019 0	0.065 0	0.266 9
	STATE→CMT	−0.055 8	−0.054 1	0.049 8	1.119 9
	STATE→FAIR	−0.007 7	−0.005 2	0.057 0	0.135 6
	STATE→LINK	−0.151 9**	−0.151 6	0.062 5	2.428 1
	STATE→PRTP	−0.003 8	−0.003 6	0.064 4	0.058 8
	STATE→SPP	−0.167 7***	−0.169 1	0.062 0	2.703 1
	IND→CMT	−0.014 5	−0.013 3	0.047 6	0.305 3
	IND→FAIR	−0.021 0	−0.020 1	0.048 8	0.430 1
	IND→LINK	0.019 4	0.020 2	0.065 2	0.296 8
	IND→PRTP	−0.029 7	−0.033 8	0.057 1	0.520 8
	IND→SPP	0.038 5	0.037 7	0.062 8	0.612 8

注：Bootstrap样本量为5 000；"***""**""*"分别表示在1%、5%、10%的水平上双尾显著。

在结构方程模型中，受访者和公司层面新增的控制变量包括：是否为财务人员（FINANCIAL）、在职年数（EXPERIENCE），以及公司的资产规模（SIZE）、多元化程度（DIVERSITY）、是否为国企（STATE）、是否为制造业（IND）。其中，FINANCIAL是哑变量，根据受访者填写的职务生成；EXPERIENCE是根据受访者填写的在职年数生成的标准化值；SIZE根据受访者填写的分级量表生成，总资产小于1亿时取1，总资产为1亿～10亿时取2，总资产为10亿～100亿时取3，总资产为100亿～1 000亿时取4，总资产为1 000亿～10 000亿时取5，总资产大于10 000亿时取6；DIVERSITY根据受访者填写的分级量表生成，所在企业不是多元化企业时取1，有2～5个业务板块时取2，有6～10个业务板块时取3，有10个以上业务板块时取4；STATE是哑变量，受访者来自国企时取1，否则取0；IND为哑变量，受访者来自制造业企业时取1，否则取0。

此外，表6-5的结果表明，一些企业特征会影响战略规划流程（SPP）和绩效指标因果联系（LINK）。第一，SIZE在5%的水平上显著正向影响SPP，意味着企业规模越大,其战略规划流程就越倾向于与标准流程吻合。一种可能的解释是,企业规模越大,其战略规划的涉及面就越广,就越需要正式化的工作方式(KUKALIS,1989),因此越需要合理的战略规划流程支撑。第二,STATE 在 5% 的水平上显著负向影响 LINK,在 1% 的水平上显著负向影响 SPP,意味着国有企业的绩效指标因果联系较弱,或其管理者对绩效指标因果联系的认知程度较弱,且国有企业更不倾向于采用标准的战略规划流程。一种可能的解释是,国有企业的绩效指标和预算目标的选取在很大程度上受国资委等政府机构考核要求的影响,因此绩效指标的内在联系未得到管理者的充分关注,绩效指标的选取与企业自身战略目标的联系被削弱。

2. 从结构方程模型中剔除预算松弛的产生

在 Chin(1998)提出的标准下,预算松弛的产生(SLACK)这一潜变量中仅保留了两个载荷大于 0.7 的观测项目,构念效力有限。鉴于此,在新的检验中,本章将该潜变量从结构方程模型中剔除。对结构方程的估计结果仍能支持假说 H6-1 和 H6-2,此处不再展示。

6.5 本章小结

本章继续使用制定战略目标、设计衡量指标、设定目标值、制定行动方案和编制预算的排序捕捉企业在战略规划流程上的差异,通过结构方程模型分析问卷数据,考察了战略规划流程对预算目标承诺的影响机制。结果显示,当战略规划流程与制定战略目标、设计衡量指标、设定目标值、制定行动方案、编制预算的依次排列接近时,预算目标承诺较高;当绩效指标因果联系较强时,预算目标承诺较高;当绩效指标因果联系较强时,预算的使用更倾向于为业务单元带来很高的生产力,并督促管理者谨慎地管理成本。

本章研究的发现意味着,Kaplan 和 Norton(2008b)、Gimbert 等(2010)以及 Bisbe 和 Malagueño(2012)提出的战略规划流程——制定战略目标、设计衡量指标、设定目标值、制定行动方案和编制预算——会对企业管理产生显著的积极影响。如果企业的战略规划流程与上述流程吻合,那么下级管理者会具有更高的预算目标承诺,进而产生更高的绩效。除此之外,当管理者能够充分地认识到绩效指标之间的因果联系时,他们也会对预算目标的实现过程更加投入。尽管未能充分检验战略规划流程及绩效指标因果联系与预算松弛的产生之间的关系,但是本章的证据表明,战略规划流程及绩效指标因果联系能对预算起到积极作用,促进企业生产力的提升和成本的管理。

本章的研究拓展了预算目标承诺研究。设定目标值是战略绩效评价系统中的重要工作,而目标承诺对绩效存在显著的影响。以往的研究已经发现了预算参与对预算目标承诺的影响,本章的研究则识别出了更多的影响预算目标承诺的战略绩效评价系统特征,进一步讨论了战略绩效评价系统设计与预算目标承诺之间的联系。本章的研究结果对于实务界也存在启示:企业设定一个合理的战略规划流程,并构建具有因果联系的绩效指标体系,能够促进下级管理者对预算目标做出承诺,使下级管理者更愿意接受预算目标并为之付出努力。

本章和第 5 章的调查研究拓展了对战略绩效评价系统的研究。以往的研究往往将战略绩效评价系统作为一个整体,考察其对绩效的影响,而本章更加细致地考察了战略绩效评价系统的特征,揭示了两种典型特征——战略规划流程和绩效指标因果联系——对企业/组织的影响。在考察战略规划流程的时候,制定战略目标、设计衡量指标、设定目标值、制定行动方案和编制预算的顺次排序(标准流程)是对战略规划流程的一种简要刻画,该流程虽然已被以往的研究提及,但并未被充分地讨论。本章使用这一流程度量不同企业在战略规划流程方面的差异,为战略绩效评价系统领域的研究提供了新的切入点。

第7章 结　语

财政部颁布的《管理会计应用指引第100号——战略管理》突出了战略规划的重要性;《管理会计应用指引第101号——战略地图》突出了战略地图作为管理会计工具的重要性;《管理会计应用指引第200号——预算管理》则突出了企业应以战略目标为导向。

Kaplan和Norton(2008b)在平衡计分卡框架下提出了一套完整的战略规划流程,该流程包括5个步骤:①制定战略目标;②设计衡量指标;③设定目标值;④制定行动方案;⑤编制预算。这个战略规划流程构建了战略与预算的关系,然而以往的研究尚未充分讨论该流程的设计对预算行为的影响。

此外,许多以往文献考察了战略地图对管理者的影响(TAYLER,2010;CHENG et al.,2012;HUMPHREYS et al.,2016)。根据这些研究可知,战略地图的核心是其描绘的绩效指标因果链条,而这种链条的作用之一是使管理者理解绩效指标之间的因果联系(HUMPHREYS et al.,2016)。然而,以往对绩效指标因果链条的研究往往在平衡计分卡框架下展开,聚焦于这种因果链条对管理者事后判断的影响(TAYLER,2010;CHENG et al.,2012),很少讨论其对事前的目标设定和预算行为的影响。

本书针对上述研究空白,聚焦于战略规划流程和绩效指标因果联系,使用案例研究、实验研究和调查研究的方法,考察了两者对于企业预算行为的影响。

7.1 主要发现

7.1.1 战略规划流程和绩效指标因果联系对企业预算管理的影响

绩效指标因果联系在企业中的一种典型的表现形式是战略地图。本书的第一项研究通过案例分析考察了一个典型企业中战略规划流程和战略地图影响企业预算管理的具体过程。战略地图是绩效指标因果联系在企业中的一种典型表现形式。该研究采用探索性案例分析方法，梳理并分析了华润集团引入6S管理体系、战略地图和平衡计分卡、5C价值型财务管理体系等管控机制的管理会计变革过程，对管控机制之间的关系以及战略规划流程的引入对预算管理的影响提供了解释。其中，6S管理体系包括：战略规划体系、商业计划体系、管理报告体系、业绩评价体系、内部审计体系和经理人考评体系；5C价值型财务管理体系是以资本、资金、资产管理为主线，以资本结构、现金创造、现金管理、资金筹集和资产配置为核心的财务管理体系。案例分析显示，华润集团的迅速成长使其暴露在复杂多变的业务环境下，而环境的不确定性促使其更加注重非财务指标和战略规划。通过引入新版本的6S管理体系，华润集团开始采用正式战略规划流程。战略地图和平衡计分卡作为一种管控机制融入了6S管理体系。随着战略地图和平衡计分卡的引入，预算与商业计划整合，成为新版6S管理体系中商业计划体系的重要构成成分。在管理实践中，6S管理体系帮助华润集团实施战略，华润集团也通过依次确定战略目标、衡量指标、目标值和行动方案，建立起预算与战略之间的相关性。在此之后，为了应对财务资源的稀缺性，华润集团又引入了5C价值型财务管理体系，以辅助筛选投资战略，寻求更有效地配置稀缺财务资源。

基于案例分析，本书第一项研究总结出3个发现：①正式战略规划流程为战略地图和平衡计分卡创造应用环境，使企业更易于应用战略地图和平衡计分卡；②战略地图与正式战略规划流程的结合使用有助于构建战略目标和预算目标之间的逻辑关系，加强企业预算与战略之间的相关性；③战略地图和平衡计分卡能促进战略的分解和实施,但不能充分地帮助管理者选择战略,而基于财务指标的预算约束作为补充可帮助企业在战略实施前确定战略选择的范围。

该案例研究的发现有助于研究者理解管理控制系统各管控机制之间的联系,也能够为实务界人士就企业如何开展战略管理提供参考。第一,正式战略规划被作为学术概念提出以来,很少有研究考察正式战略规划流程对预算管理产生的影响,而该研究基于典型案例系统性地解释了正式战略规划流程和战略地图如何影响企业的预算管理,以及如何使预算与战略之间的联系更为紧密,促进战略的有效实施。第二,该研究拓展了管理控制系统的研究,将战略规划流程、战略地图和预算分别视作管理控制系统的组成部分之一,描述了三者相互配合发挥作用的过程。第三,该研究的发现有助于研究者理解管理控制系统中各组成部分之间的联系,也能够为实务界人士开展企业战略管理提供参考。案例研究对企业管理的启示在于:管理者应更好地推广《管理会计应用指引第100号——战略管理》,通过制定规则体系规范战略管理流程,从而促进战略地图和平衡计分卡等战略管理工具的应用。

7.1.2 战略规划流程和绩效指标因果联系对预算目标设定的影响

本书的第二项研究采用实验研究法,在平衡计分卡框架下考察了战略规划流程和绩效指标因果联系对预算目标设定的影响。被试者在实验中被要求扮演下级管理者,参与预算并向上级管理者填报预算目标。第一,实验考察被试者在模拟的预算参与过程中上报的预算目标。实验结果显示,当上级管理者设定的财务目标值高于往年水平时,使用绩效指标因果链条描绘指标间的因果联系能够促使下级管理者上报高于往年水平的目标值,以配合既定的财务目标。第二,实验考察当上级管理者在财务、客户、内部流程和学习成长4个层面均下达高于往年水平的预算目标值时,被试者对于既定预算目标值的满意度。实验结果显示,在战略规划流程中应用绩效指标因果链条能提高下级管理者的预算满意度。第三,补充测试的结果表明,战略规划流程和绩效指标因果链条的结合使用,能加强下级管理者对绩效指标因果联系的认识,进而增强他们对于预算编制程序的公平感,并最终提高他们的预算满意度。

本研究的发现意味着,在平衡计分卡框架下,战略规划流程和绩效指标因果链条的结合使用能够使企业更有效地设定预算目标。在上级管理者制定总体财务目标后,下级管理者在绩效指标因果链条所揭示的绩效指标因果联系的引导下,在其他绩效指标上会倾向于上报能够支持总体财务目标的目标值。在全部的关键绩效指标目标值被确定后,战略规划流程和绩效指标因果链条的结合使用又使下级管理者更愿意接受这些既定的目标值。

本研究的发现拓展了战略地图及其绩效指标因果链条的研究。以往的实验研究表明,战略地图所包含的绩效指标因果链条能够影响管理者对绩效评价做出的判断以及决策。本实验的证据表明,绩效指标因果链条在目标值设定的过程中同样发挥着重要的作用。此外,本实验研究不仅关注平衡计分卡的形态,而且关注其应用过程。本实验的证据表明,绩效指标因果链条在标准流程下能够更充分地发挥作用。

7.1.3 战略规划流程和绩效指标因果联系对预算程序公平的影响

本书的第三项研究采用调查研究法,使用制定战略目标、设计衡量指标、设定目标值、制定行动方案和编制预算的排序捕捉企业在战略规划流程上的差异,通过结构方程模型分析问卷数据,考察了战略规划流程对预算程序公平的影响机制。结果显示,企业战略规划流程与制定战略目标、设计衡量指标、设定目标值、制定行动方案和编制预算依次排列的吻合程度会正向影响管理者对绩效指标因果联系的认识,绩效指标因果联系进而会直接地,或通过促进预算参与间接地正向影响预算程序公平。

本研究的发现意味着,在管理实践中,将衡量指标的设计、目标值的设定、行动方案的制定和预算的编制基于企业战略目标的制定,有助于管理者更好地认知绩效指标之间的因果联系。企业组织内对绩效指标因果联系的认知有助于上级管理者为预算目标值做出合理化解释,使下级管理者理解目标值如何设定,从而增加下级管理者对预算程序公平的感知。此外,绩效指标因果联系还能使管理者们认识到不同工作之间的相互依赖性,从而促进企业形成预算参与机制,增进预算程序公平。

本研究为战略规划流程对企业组织的影响提供了重要证据,拓展了预算程序公平的相关研究,从预算程序的角度探讨了企业的战略规划流程,考察了战略规划流程与预算程序公平之间的联系,可以为组织公平的研究提供新的线索。研究结果对于实务界也有启示:设定一个合理的战略规划流程,能够帮助企业公平地编制预算,从而帮助管理者实现更高的绩效。

7.1.4 战略规划流程和绩效指标因果联系对预算目标承诺的影响

本书的第四项研究继续采用调查研究法,使用制定战略目标、设计衡量指标、设定目标值、制定行动方案和编制预算的排序捕捉企业在战略规划流程上的差异,通过结构方程模型分析问卷数据,考察了战略规划流程对预算目标承诺的影响机制。结果显示,企业的战略规划流程与制定战略目标、设计衡量指标、设定目标值、制定行动方案和编制预算依次排列的吻合程度会正向影响预算目标承诺。绩效指标因果联系较强时,预算目标承诺较高,预算更倾向于为业务单元带来更高的生产力,并督促管理者谨慎地管理成本。

本研究的发现意味着,以往的研究(KAPLAN et al.,2008b;GIMBERT et al.,2010;BISBE et al.,2012)提出的战略规划流程——制定战略目标、设计衡量指标、设定目标值、制定行动方案和编制预算——会对企业管理产生显著的积极影响。如果企业的战略规划流程与上述流程的吻合程度高,则下级管理者会具有更高的预算目标承诺,即对预算目标更加投入,进而产生更高的绩效。除此之外,当管理者能够充分地认识绩效指标因果联系时,也会产生较高的预算目标承诺。

本研究拓展了目标承诺研究。目标设定是战略绩效评价系统中的重要工作,而目标承诺对绩效具有显著的影响。以往的研究已经发现了预算参与对预算目标承诺的影响,而本研究识别出了更多影响预算目标承诺的战略绩效评价系统特征,进一步讨论了战略绩效评价系统设计与预算目标承诺之间的联系。本书的研究结果对于实务界也有启示:企业设定一个合理的战略规划流程并构建具有因果联系的绩效指标体系,能够提高下级管理者的预算目标承诺,使下级管理者更愿意接受预算目标并为之付出努力。

本研究也进一步拓展了战略绩效评价系统的研究。以往的研究往往将战略绩效考核作为一个整体,考察其对绩效的影响。本研究更加细致地考察了战略绩效评价系统的特征,揭示了其中的两种典型特征——战略规划流程和绩效指标因果联系——对企业的影响。在考察战略规划流程时,制定战略目标、设计衡量指标、设定目标值、制定行动方案和编制预算的排序是对战略规划流程的一种简要刻画，它虽然已被以往的研究提及，但并未被充分讨论。本书使用这一标准流程度量不同企业战略规划流程之间的差异，为这一领域的研究提供了新的切入点。

7.2 实务建议

本书的发现能够为《管理会计应用指引第 100 号——战略管理》《管理会计应用指引第 101 号——战略地图》《管理会计应用指引第 200 号——预算管理》在企业中的推广提供重要参考。具体而言，本书提出的实务建议有以下几点。

1. 企业应用战略地图需要基于管理流程

管理会计工具的效果取决于应用方式。为了使战略地图更好地发挥作用，企业应建立与战略地图配套的管理流程。企业可以在平衡计分卡框架下构建闭环战略管理体系，并在战略规划流程中涵盖以下 5 个步骤：①制定战略目标；②设计衡量指标；③设定目标值；④制定行动方案；⑤编制预算。正如本书的案例研究所示，在闭环战略体系下战略地图和平衡计分卡能帮助企业成功实施战略。本书的实验研究也显示，与上述战略规划流程结合使用的战略地图能够使管理者更有效地设定预算目标。

2. 企业应使用正式战略规划流程将战略与预算结合

当企业通过一套正式战略规划流程将战略与预算结合时，参与预算的下级管理者会对预算程序产生较强的公平感，或对预算目标产生更强的投入感（目标承诺），进而实现更高水平的绩效。企业应将战略规划流程化，使其成为由一系列标准动作组成的管理活动。这会使下级管理者更加认同企业战略，从而更加认同根据战略设定的预算目标，也更愿意为实现预算目标付出努力。

3. 企业应强化管理者对绩效指标因果联系的理解

战略地图的价值很大程度上体现在其描绘的绩效指标因果链条，而绩效指标因果链条的价值很大程度上体现在其能使管理者理解绩效指标之间的因果联系。

理解绩效指标之间如何互相影响并驱动企业的财务绩效可以对管理者的行为和态度产生十分积极的影响。因此,企业应结合多种手段,强化各级管理者对绩效指标因果联系的理解。基于对绩效指标因果联系的理解,管理者可以设定出更合理的目标以支持企业战略,也更倾向于接受由上级管理者下达的预算目标。

4. 企业的预算参与机制应能给管理者带来公平感和自主权

预算参与机制并不必然带来更好的绩效,因此企业应设计合理的预算参与机制,使管理者在参与预算目标设定时能感受到公平并享有自主权。这有助于管理者设定更合理的目标,实现更高水平的绩效。

7.3 研究的不足之处

第一,本书的案例研究存在一定的局限性,探索性的案例研究虽然能够在案例证据的基础上得到推论,并基于理论论述这些推论的合理性,但无法提供证据支持案例结论的普遍性。后续研究可以针对企业战略管理和预算管理进行更加丰富的实证研究,深化对中国企业战略管理会计实践的理解。

第二,本书的实验研究也存在局限性。本书的实验研究无法充分地体现企业管理的真实情况。例如,被试者虽扮演业务部门的管理者,但难以通过图文资料深入了解实验中虚拟企业的业务。此外,本书实验也未模拟下级管理者完成预算目标并接受奖励的过程。

第三,本书的调查研究未能充分地捕捉预算松弛的产生,因此无法充分地讨论其他构念与预算松弛的产生之间的联系。此外,为了确保答题者能足够认真地回答问题,本书的调查研究限制了问卷的规模,因此难以通过问卷充分考察其他影响预算程序公平和目标承诺的因素。

7.4 未来的研究方向

本书的发现主要揭示了战略规划流程和绩效指标因果联系对于预算行为的影

响。未来的研究可以进一步考察战略规划流程对管理者行为和企业绩效的影响。例如,研究者可以在以下 3 个方面进行拓展。

第一,战略规划与激励机制之间的关系有待进一步研究。本书考察了企业战略规划活动对预算行为的影响。尽管问卷调查显示战略规划流程和绩效指标因果联系能够通过预算行为影响管理者绩效,但未来的研究仍然可以进一步考察战略规划对绩效的具体影响。例如,未来的研究可以考察战略规划流程如何与激励机制匹配,从而提高绩效。

第二,企业战略选择和战略规划流程之间的关系有待进一步研究。企业由于选择了不同类型的战略,可能会对战略规划流程做出不同的设计。未来的研究可以进一步分析不同的企业战略类型应该如何与战略规划流程匹配,以提升战略实施的效果。例如,未来的研究可以聚焦于预算目标承诺,进一步考察不同类型的战略下战略规划流程如何帮助管理者提升目标承诺,进而为实现预算目标付出更多努力。

第三,环境因素和战略规划流程之间的关系有待进一步研究。企业的内外环境可能会影响其战略规划行为和流程设计,也可能会影响企业战略规划流程的作用效果。未来的研究可以进一步考察企业的战略规划流程如何与环境因素(如市场竞争强度、环境不确定性、企业生命周期等)匹配这一问题。例如,未来的研究可以进一步考察特定环境下战略规划流程如何影响预算目标设定行为,帮助管理者在目标设定过程中解决预算松弛的产生等问题。

附　录

附录A　访谈提纲

1. 关于绩效评价指标体系

(1) 您认为公司的绩效目标和长期战略之间是否存在明确的因果联系？

(2) 贵公司的高管是否会充分参与绩效评价指标的设计与选取？

(3) 贵公司的绩效评价指标体系是否考虑了各类企业活动或各个职能之间的相互联系和因果关系？

(4) 贵公司的绩效评价指标体系是否能够帮助管理者认识各类企业活动或各个职能之间的相互联系和因果关系？

(5) 贵公司不同职能的经营管理者是否会参与绩效评价指标的选取？

2. 关于预算参与

(1) 下级管理者参与预算设定的程度。

(2) 预算调整时，上级管理者向下级管理者解释原因的充分性。

(3) 下级管理者针对预算发起讨论的频率。

(4) 下级管理者对最终预算的影响力。

(5) 下级管理者对预算编制的贡献及重要性。

(6) 设定预算目标时,上级管理者向下级管理者征求意见的频率。

3. 关于战略决策流程

应该按什么流程完成对公司绩效管理体系中明确包含的要素的设定?预算、目标值、战略目标、指标、行动方案这 5 个步骤应该如何排序?

4. 关于效果

贵公司的战略管理实践取得了哪些成效?

附录 B 实验设计

平衡计分卡绩效指标目标值设定实验

1. 实验通知

老师们、同学们,

大家好,感谢大家参与此项实验研究。本研究模拟了一个绩效管理的场景,烦请大家想象自己身处其中,并填报相关平衡计分卡绩效指标目标值。最后,请大家完成 14 个小题,从而对场景中的管理方式进行评价。再次感谢大家的参与!

2. 公司背景信息

HRH 医药是 H 省一家以西药、中成药、医疗器械批发、物流配送为核心业务的有限公司,其主要客户为省内医院和药房。

3. 公司的战略管理规则

1) 不存在战略规划流程的情景

HRH 医药未采用正式战略规划流程。

2) 存在战略规划流程的情景

HRH 医药采用了正式战略规划流程,该流程包含以下 5 个步骤。

(1) 制定战略目标

为了加快企业成长,HRH 医药在平衡计分卡框架下制定了以下 4 个层面的战略目标。

① 财务层面:加速价值创造,并在此基础上设定"开源"和"节流"2 个目标。

② 客户层面:提高客户体验、扩大客户群。

③ 内部流程层面:积极响应需求、高效运营。

④ 学习成长层面:提高士气、高素质团队。

(2) 设计衡量指标

基于第(1)步的战略目标,HRH 医药选取了以下 14 个常用的绩效指标。

① 财务层面指标(4 个)

a. 与加速价值创造相关:净资产收益率、净利润。

b. 与开源相关:销售收入增长率。

c. 与节流相关:销售净利率。

② 客户层面指标(3 个)

a. 与提高客户体验相关:客户满意度、投诉次数。

b. 与扩大客户群相关:市场占有率。

③ 内部流程层面指标(3 个)

a. 与积极响应需求相关:配送及时率。

b. 与高效运营相关:平均回款天数、积压库存占比。

④ 学习成长层面指标(4 个)

a. 与提高士气相关:员工满意度、员工保有率。

b. 与高素质团队相关:技能考评合格率、内部突击检查合格率。

(3) 设定目标值

HRH 医药会为上述绩效指标设定适当的目标值。

（4）制定行动方案

HRH医药会为实现目标值设计具体的行动方案。

（5）编制预算

HRH医药会将上述绩效指标作为财务和业务预算的预算目标，编制具体预算。

3）不存在绩效指标因果链条的情景

在此情景下，HRH医药采用如图B.1所示的四维并列平衡计分卡。

四维并列是指从财务、客户、内部流程、学习成长4个层面均衡地评价公司的战略绩效。这四个维度是并列关系，对公司的绩效具有等同的重要性，权重各占25%。针对企业战略，公司管理者同时分块确定4个维度上的目标和指标。

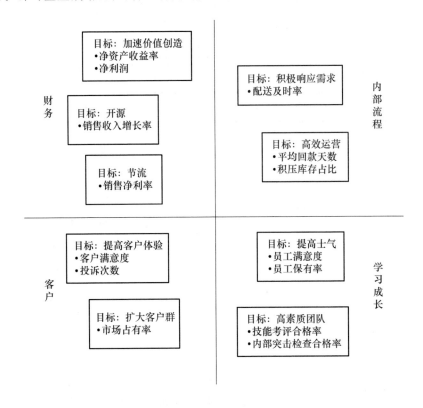

图B.1　四维并列平衡计分卡

4）存在绩效指标因果链条的情景

在此情景下，HRH医药采用如图B.2所示的含有因果链条的平衡计分卡。

该评价系统从财务、客户、内部流程、学习成长4个层面评价公司的战略绩效。含有因果链条是指4个层面是逐级递推关系:学习成长的能力会影响内部流程的质量;内部流程的质量会影响公司的客户价值;客户价值最终会影响利润等财务指标;财务层面的指标则反映公司的最终目标。

因此,在战略落地的过程中,战略从财务层面向下逐级分解:企业的战略目标和指标应首先分解为财务层面的目标和指标,进而分解为客户层面以及内部流程层面的目标和指标,最终分解为学习成长层面的目标和指标。如图 B.2 所示,4 个层面的目标和指标的逐级递推关系用"→"表示。

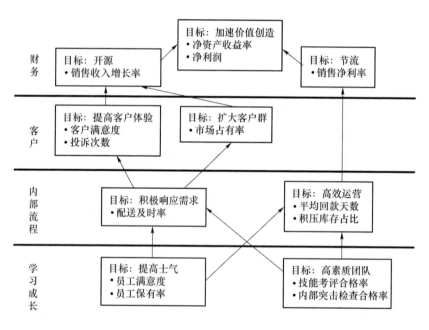

图 B.2　含有因果链条的平衡计分卡

4. 实验任务

1) 任务一

您的角色是 HRH 医药的市场部经理,并且您的工作对整个 HRH 医药公司极为重要。您需对"销售收入增长率""销售净利率""市场占有率""投诉次数""客户满意度"这 5 个绩效指标承担责任。

附　录

假设现在是2018年末,上级管理者邀请您参与设定这5个绩效指标的2019年目标值,并参考您上报的目标值进行调整形成2019年预算目标。目标值确定后,它将构成您2019年绩效考核的基础。目前的情况是:净资产收益率目标值和净利润目标值已经由上级管理者制定完成,分别为23%和3.01亿元。请您根据平衡计分卡中的各个绩效指标间的关系,并参照表B.1(或表B.2)所示的HRH医药平衡计分卡绩效指标近3年的实际值及2019年目标值情况表中既定的预算目标值,填报"销售收入增长率""销售净利率""市场占有率""投诉次数""客户满意度"这5个绩效指标的2019年目标值(无需填写单位名称和百分号)。

表B.1　HRH医药平衡计分卡绩效指标近3年的实际值及2019年目标值情况表

层面	绩效指标	2016年实际值	2017年实际值	2018年实际值	2019年预算目标值(上报数)
财务	净资产收益率/%	18	22	20	23
	净利润/亿元	1.85	2.20	2.40	3.01
	*销售收入增长率/%	11	13	12	
	*销售净利率/%	4.0	4.2	4.1	
客户	*市场占有率/%	15	17	16	
	*投诉次数/次	19	10	16	
	*客户满意度/%	83	97	90	
内部流程	配送及时率/%	80	90	85	
	积压存货占比/%	6	4	5	
	平均回款天数/天	115	125	120	
学习成长	员工满意度/%	75	85	80	
	员工保有率/%	73	87	80	
	技能考评合格率/%	83	87	85	
	内部突击检查合格率/%	95	99	97	

注:*表示由您负责上报的绩效指标,将作为考核您绩效的预算目标;表中其他未填指标由他人填报。

2) 任务二

上级管理者参考了您和其他管理者的意见后,经过几轮调整,将今年的预算目标整理成如表B.2所示的预算目标批复表。

表 B.2 预算目标批复表

层 面	绩效指标	2019年预算目标值(批复值)
财务	净资产收益率/%	23
	净利润/亿元	3.01
	销售收入增长率/%	17
	销售净利率/%	4.4
客户	市场占有率/%	19
	投诉次数/次	8
	客户满意度/%	98
内部流程	配送及时率/%	95
	积压存货占比/%	3.5
	平均回款天数/天	110
学习成长	员工满意度/%	90
	员工保有率/%	90
	技能考评合格率/%	90
	内部突击检查合格率/%	100

您的角色是HRH医药的市场部经理。请您对HRH医药最终为您确定的5个预算目标值的满意度及预算综合满意度进行打分(0～100分)。

(1) 销售收入增长率：

(2) 销售净利率：

(3) 市场占有率：

(4) 投诉次数：

(5) 客户满意度：

(6) 预算综合满意度：

3) 任务三

您的角色是HRH医药的市场部经理。请您结合参与预算的过程和公司最终设定的预算目标,就以下14个方面评价公司的管理方式(1＝完全不认同,7＝完全认同,2～6代表由低到高的不同认同程度)。

(1) 这种预算能使您成为更好的管理者：

(2) 这种预算能使您灵活地进行管理：

(3) 这种预算能使您更具有创新力：

(4) 这种预算能使您了解工作是否做得成功：

(5) 这种预算能够改进企业的生产经营：

(6) 企业的绩效目标和长期战略之间存在明确的因果联系：

(7) 企业的绩效评价指标体系考虑到了各类企业活动或各个职能之间的相互联系和因果关系：

(8) 企业的绩效评价指标体系能够帮助管理者认识到各类企业活动或各个职能之间的相互联系和因果关系：

(9) 这个预算非常清楚明确，使我很了解自己的目标：

(10) 这个预算模棱两可，不够清晰：

(11) 在这个预算里，我很了解自己的目标中哪些更重要，并了解这些目标的重要性排序：

(12) 我认为预算编制的过程是公平的：

(13) 我认为预算控制的过程是公平的：

(14) 我认为预算评价的过程是公平的：

附录 C　受访者情况统计

受访者情况统计如表 C.1 所示。

表 C.1　受访者情况统计表

基本情况		计数/均值	占比/%
受访者职务	总会计师或财务总监	63	25.20
	其他高管	6	2.40
	财务部门负责人	99	39.60
	其他财务人员	48	19.60
	业务部门负责人	8	3.20
	其他业务人员	25	10.00
性别	男	111	44.40
	女	139	55.60

续表

基本情况		计数/均值	占比/%
所在公司总资产规模	10 000 亿以上	7	2.80
	1 000 亿～10 000 亿	22	8.80
	100 亿～1 000 亿	41	16.40
	10 亿～100 亿	82	32.80
	1 亿～10 亿	64	25.60
	1 亿以下	34	13.60
所在公司产权背景	国有	161	64.40
	民营	70	28.00
	外资	14	5.60
	其他	5	2.00
在现职的年数		5.27	—
在公司任职年数		10.18	—
年龄		39.55	—

附录 D 调查研究变量定义

调查研究变量定义如表 D.1 所示。

表 D.1 调查研究变量定义表

潜变量名	变量名	定义
战略规划流程（SPP）	std_12_f	若企业的管理流程明确包含"制定战略目标"和"设计衡量指标"两个步骤，且企业会先"制定战略目标"后"设计衡量指标"，则 std_12_f 为 1，否则为 0。
	std_13_f	若企业的管理流程明确包含"制定战略目标"和"设定目标值"两个步骤，且企业会先"制定战略目标"后"设定目标值"，则 std_13_f 为 1，否则为 0。
	std_14_f	若企业的管理流程明确包含"制定战略目标"和"制定行动方案"两个步骤，且企业会先"制定战略目标"后"制定行动方案"，则 std_14_f 为 1，否则为 0。
	std_15_f	若企业的管理流程明确包含"制定战略目标"和"编制预算"两个步骤，且企业会先"制定战略目标"后"编制预算"，则 std_15_f 为 1，否则为 0。

续表

潜变量名	变量名	定　义
战略规划流程（SPP）	std_23_f	若企业的管理流程明确包含"设计衡量指标"和"设定目标值"两个步骤,且企业会先"设计衡量指标"后"设定目标值",则 std_23_f 为 1,否则为 0。
	std_24_f	若企业的管理流程明确包含"设计衡量指标"和"制定行动方案"两个步骤,且企业会先"设计衡量指标"后"制定行动方案",则 std_24_f 为 1,否则为 0。
	std_25_f	若企业的管理流程明确包含"设计衡量指标"和"编制预算"两个步骤,且企业会先"设计衡量指标"后"编制预算",则 std_25_f 为 1,否则为 0。
	std_34_f	若企业的管理流程明确包含"设定目标值"和"制定行动方案"两个步骤,且企业会先"设定目标值"后"制定行动方案",则 std_34_f 为 1,否则为 0。
	std_35_f	若企业的管理流程明确包含"设定目标值"和"编制预算"两个步骤,且企业会先"设定目标值"后"编制预算",则 std_35_f 为 1,否则为 0。
	std_45_f	若企业的管理流程明确包含"制定行动方案"和"编制预算"两个步骤,且企业会先"制定行动方案"后"编制预算",则 std_45_f 为 1,否则为 0。
	SEQ	企业战略绩效评价系统中明确包含制定战略目标、设计衡量指标、设定目标值、制定行动方案、编制预算中的哪几项?
预算参与（PRTP）	prtp_1	"下级管理者参与预算设定的程度。"
	prtp_2	"预算调整时,上级管理者向下级管理者解释原因的充分性。"
	prtp_3	"下级管理者针对预算发起讨论的频率。"
	prtp_4	"下级管理者对最终预算的影响力。"
	prtp_5	"下级管理者对预算编制的贡献的重要性。"
	prtp_6	"设定预算目标时,上级管理者向下级管理者征求意见的频率。"
绩效指标因果联系（LINK）	link_1	"企业的绩效目标和长期战略之间存在明确的因果联系。"
	link_2	"企业的绩效评价指标体系考虑到了各类企业活动或各个职能之间的相互联系和因果关系。"
	link_3	"企业的绩效评价指标体系能够帮助管理者认识到各类企业活动或各个职能之间的相互联系和因果关系。"

续表

潜变量名	变量名	定　义
预算程序公平（FAIR）	fair_1	"我认为预算编制的过程是公平的。"
	fair_2	"我认为预算控制的过程是公平的。"
	fair_3	"我认为预算评价的过程是公平的。"
管理者绩效（MP）	pfm_m_1	规划——制定目标、政策和行动路线。
	pfm_m_2	调查——以记录、报告和账目的形式搜集信息。
	pfm_m_3	协同——在组织中和除下属以外的其他人交换信息，从而建立不同项目的关联或做出调整。
	pfm_m_4	评价——评价提案或绩效（如员工考评、判断财务绩效和产品检查）。
	pfm_m_5	指导——引领并培养下属。
	pfm_m_6	用人——在自己的部门维系工作团队（如选聘和提拔）。
	pfm_m_7	谈判——采购、销售或签订单（如签约供应商、集中议价）。
	pfm_m_8	代表——对外讲话、咨询和签约过程中代表公司利益。
	pfm_m_9	总体绩效。
预算目标承诺（CMT）	cmt_1	"管理者致力于实现预算目标。"
	cmt_2	"管理者愿意付出加倍的努力来实现预算目标。"
	cmt_3	"坦诚地说，管理者其实并不关心预算目标是否实现。"
	cmt_4	"努力实现了预算目标，也不会让管理者得到什么。"
	cmt_5	"根据当前季度的实际情况，预算目标很可能做出调整。"
	cmt_6	"管理者放弃预算目标并不需要付出很大的代价。"
	cmt_7	"想要达到当前的预算目标不太现实。"
	cmt_8	"由于不实际做就无从知晓会遇到什么难题，所以预算很难得到重视。"
	cmt_9	"管理者认为预算目标是很好的努力方向。"
预算松弛的产生（SLACK）	slack_1	"管理者可以成功地上报很容易达成的预算。"
	slack_2	"预算可以为业务单元带来很高的生产力。"
	slack_3	"预算能督促管理者谨慎地管理成本。"
	slack_4	"预算并没有督促管理者关注业务单元的效率的提高。"
	slack_5	"总体而言，预算目标很容易完成。"

注：上述变量中，除SPP外，其他变量均为矩阵量表中的变量，按满意度或符合程度由低到高取1～7内的值。

附录 E　调查问卷设计

企业战略、预算和绩效管理情况调研

您好！我们是来自中央财经大学的管理会计研究团队。战略、预算和绩效管理是重要的管理会计实践，它们对企业的价值创造和基业长青影响深远。2016年6月，财政部印发《管理会计基本指引》，旨在促进企事业单位加强管理会计工作，提升内部管理水平。借此机会，我们想通过问卷调查、了解贵公司企业战略、预算和绩效管理的基本情况，希望您能抽出时间帮我们填写一份调查问卷。本问卷匿名，共29题，大约需要20分钟完成。其中，标有"*"的是必答题，万分非常感谢您的帮助与支持！

本调查会向您询问您所在的层级以及下属单位情况，请您根据您所了解的相关情况回答本问卷。本问卷收集的数据仅用于学术研究，再次感谢您的配合！

第一部分　个人基本信息

(1) 您在贵公司的职位是_____。[单选题]*

a. 董事长

b. 总经理

c. 总会计师或财务总监

d. 其他高管

e. 财务部门负责人

f. 财务人员

g. 业务部门负责人

h. _____

(2) 您在贵公司工作了多长时间？[填空题]*

_____（空格中填年数）

（3）您在目前职位上工作了多长时间？［填空题］*

_____（空格中填年数）

（4）您的年龄是_____。［填空题］*

（5）您的性别为_____。［单选题］*

a. 男

b. 女

重要提示　对以下3个部分中的每一个问题，请根据您所了解的贵公司目前的实际情况进行回答。切记：不要在回答问题时考虑理想的情况应该是什么样子；同时，任何问题并不存在绝对"正确"或者"错误"的答案，请根据您最真实的感受和体会做出判断。

第二部分　绩效考核与预算管理情况

（6）如果用下列内容描述贵公司（不局限于您所在部门）的现状，您是否同意？请您在最能代表实际情况的数字栏里做标记。其中："1"代表"完全不同意"；"2~6"依次代表由低到高不同程度的同意；"7"代表"完全同意"。［矩阵量表题］*（此处仅列出矩阵量表行标题，以下相同）

① 贵公司的绩效目标和长期战略之间存在明确的因果联系；

② 贵公司的高管会充分参与绩效评价指标的设计与选取；

③ 贵公司的绩效评价指标体系考虑到了各类企业活动或各个职能之间的相互联系和因果关系；

④ 贵公司的绩效评价指标体系能够帮助管理者认识到各类企业活动或各个职能之间的相互联系和因果关系；

⑤ 不同职能的经营管理者都会参与绩效评价指标的选取。

（7）请您对下述每一种陈述与贵公司（不局限于您所在部门）现状的符合程度进行评价，请您在最能代表实际情况的数字栏里做标记。其中："1"代表"低"；"2~6"依次代表由低到高的不同程度；"7"代表"高"。［矩阵量表题］*

① 下级管理者参与预算设定的程度；

② 预算调整时，上级管理者向下级管理者解释原因的充分性；

③ 下级管理者针对预算发起讨论的频率;

④ 下级管理者对最终预算的影响力;

⑤ 下级管理者对预算编制的贡献的重要性;

⑥ 设定预算目标时,上级管理者向下级管理者征求意见的频率。

(8) 如果用下列内容描述贵公司(不局限于您所在部门)的现状,您是否同意?请您在最能代表实际情况的数字栏里做标记。其中:"1"代表"完全不同意";"2~6"依次代表由低到高不同程度的同意;"7"代表"完全同意"。[矩阵量表题]*

① 我认为预算编制的过程是公平的;

② 我认为预算控制的过程是公平的;

③ 我认为预算评价的过程是公平的;

④ 我认为公司各业务单元均采用同样的预算编制程序;

⑤ 我认为预算编制程序不经常发生变化;

⑥ 我认为公司各业务单元均采用同样的预算控制程序;

⑦ 我认为预算控制程序不经常发生变化;

⑧ 我认为公司各业务单元均采用同样的预算考核程序;

⑨ 我认为预算考核程序不经常发生变化;

⑩ 我认为公司在预算编制时对所有部门一视同仁;

⑪ 我认为公司在预算控制时对所有部门一视同仁;

⑫ 我认为公司在预算考核时对所有部门一视同仁;

⑬ 我认为公司根据准确的信息进行预算编制;

⑭ 我认为公司根据准确的信息进行预算控制;

⑮ 我认为公司根据准确的信息进行预算评价;

⑯ 我认为现有的预算编制程序允许各预算单位进行申诉;

⑰ 我认为现有的预算控制程序允许各预算单位进行申诉;

⑱ 我认为现有的预算评价程序允许各预算单位进行申诉;

⑲ 我认为现有的预算编制程序反映了各预算单位关注的问题;

⑳ 我认为现有的预算控制程序反映了各预算单位关注的问题;

㉑ 我认为现有的预算考核程序反映了各预算单位关注的问题;

㉒ 我认为现有的预算编制程序符合职业道德和商业伦理的标准;

㉓ 我认为现有的预算控制程序符合职业道德和商业伦理的标准；

㉔ 我认为现有的预算考核程序符合职业道德和商业伦理的标准。

(9) 如果用下列内容描述贵公司(不局限于您所在部门)的现状,您是否同意？请您在最能代表实际情况的数字栏里做标记。其中："1"代表"完全不同意"；"2~6"依次代表由低到高不同程度的同意；"7"代表"完全同意"。[矩阵量表题]*

① 管理者可以成功地上报很容易达成的预算；

② 预算可以为业务单元带来很高的生产力；

③ 预算能督促管理者谨慎地管理成本；

④ 预算并没有督促管理者关注业务单元的效率的提高；

⑤ 总体而言,预算目标很容易完成。

(10) 如果用下列内容描述贵公司(不局限于您所在部门)的现状,您是否同意？请您在最能代表实际情况的数字栏里做标记。其中："1"代表"完全不同意"；"2~6"依次代表由低到高不同程度的同意；"7"代表"完全同意"。[矩阵量表题]*

① 管理者致力于实现预算目标；

② 管理者愿意付出加倍的努力来实现预算目标；

③ 坦诚地说,管理者其实并不关心预算目标是否实现；

④ 努力实现了预算目标,也不会让管理者得到什么；

⑤ 根据当前季度的实际情况,预算目标很可能做出调整；

⑥ 管理者放弃预算目标并不需要付出很大的代价；

⑦ 想要达到当前的预算目标不太现实；

⑧ 由于不实际做就无从知晓会遇到什么难题,所以预算很难得到重视；

⑨ 管理者认为预算目标是很好的努力方向。

第三部分 战略管理特征

(11) 请您选择贵公司绩效管理体系中明确包含的要素。[多选题]*

a. 预算

b. 目标值

c. 战略目标

d. 指标

e. 行动方案

(12) 战略规划包括以下 5 个步骤。您认为在实践中,这 5 个步骤应该如何排序最合理？注意,这个排序不存在标准答案,请您完全按照您的观点填写。(选项原始排列顺序为拼音字母顺序,无需参考。您可以将您认为不必要的步骤不呈现在排序中。)[排序题,请在中括号内依次填入数字]*

[ ]编制预算

[ ]设定目标值

[ ]制定战略目标

[ ]设计衡量指标

[ ]制定行动方案

(13) 您认为贵公司实际上是按怎样的顺序排列(12)题中的 5 个步骤的(您可以将实际中不实施的步骤不呈现在排序中)？[排序题,请在中括号内依次填入数字]*

[ ]编制预算

[ ]设定目标值

[ ]制定战略目标

[ ]设计衡量指标

[ ]制定行动方案

(14) 公司的竞争战略是指公司为获得竞争优势所采取的策略行动。您认为下述战略中最能代表贵公司竞争战略的是哪一项？[单选题]*

a. 成本领先战略(在广泛市场领域实施标准化产品、基本性能、低价格的战略)

b. 差异领先战略(在广泛市场领域实施独特性能、高质量、高服务、高品位、高价格的战略)

c. 集中战略(在狭窄市场/具体产品上分别采用上述两种战略)

(15) 从增加收入和市场占有率的角度来说,您认为近 3 年下述战略中最能代表贵公司竞争战略的是哪一项？[单选题]*

a. 市场集中战略(通过集中于对现有市场的渗透实现增长)

b. 产品集中战略(通过集中于对现有产品的促销实现增长)

c. 市场开发战略(通过开拓新市场实现增长)

d. 产品开发战略(通过开发和销售新产品实现增长)

(16) 公司战略意味着在市场份额增长与短期利润最大化间的权衡。您认为下述战略中最能代表贵公司战略导向的是哪一项？［单选题］*

　　a. 构建战略（关注市场份额的增长，而不是短期利润或者现金流量）

　　b. 持有战略（强调保持现有市场份额）

　　c. 收获战略（关注短期利润或者短期现金流量增长，而不是长期结果）

　　d. 剥离/重组（强调剥离效率低下的业务或者没有市场前景的产品和项目）

(17) 您认为贵公司所处的行业在以下方面的竞争程度如何？其中："1"代表"很弱"，"2～6"依次代表由低到高不同的激烈程度，"7"代表"很激烈"。［矩阵量表题］*（此处仅列出矩阵量表行标题，以下相同）

　　① 投入要素的竞争；

　　② 价格竞争；

　　③ 产品质量、特色的竞争。

(18) 在下列几个方面，您认为贵公司所处的生产经营环境是否稳定和可预测？其中："1"代表"非常稳定"，"2～6"依次代表由低到高不同程度的不稳定性，"7"代表"非常不稳定"。［矩阵量表题］*

　　① 竞争对手行为；

　　② 市场需求；

　　③ 原材料的可获得性；

　　④ 产品特征或设计；

　　⑤ 政府管制；

　　⑥ 生产技术。

第四部分　绩效自评

(19) 请您就自身在以下方面实际的绩效表现做出评价。其中："1"代表"低水平"；"2～6"代表由低到高不同的水平；"7"代表"高水平"。［矩阵量表题］*

　　① 规划：制定目标、政策和行动路线。

　　② 调查：以记录、报告和账目的形式搜集信息。

　　③ 协同：在组织中和除下属以外的其他人交换信息，从而建立不同项目的关

联或做出调整。

④ 评价:评价提案或绩效(如员工考评、判断财务绩效和产品检查)。

⑤ 指导:引领并培养下属。

⑥ 用人:在自己的部门维系工作团队(如选聘和提拔)。

⑦ 谈判:采购、销售或签订单(如签约供应商,集中议价)。

⑧ 代表:对外讲话、咨询和签约过程中代表公司利益。

⑨ 总体绩效。

(20) 与行业平均相比,您所在公司最近 3 年的以下绩效指标处于何种水平? 其中:"1"代表"低水平";"2~6"依次代表由低到高不同程度的绩效水平;"7"代表"高水平"。[矩阵量表题]*

① 总资产收益率(ROA);

② 经营活动现金流/销售收入;

③ 销售成本/销售收入;

④ (销售费用+管理费用)/销售收入;

⑤ 销售收入增长率;

⑥ 市场份额;

⑦ R&D 强度(研发投入/销售收入);

⑧ 顾客满意度;

⑨ 准时交货;

⑩ 员工满意度;

第五部分 公司基本信息

(21) 贵公司产权背景是_____(请您根据公司大股东或实际控制人判断)。[单选题]*

a. 国有

b. 民营

c. 外资

d. 其他

(22) 您所在单位及其下属单位发生的收入总规模是_____（人民币）。[单选题]*

a. 10 000 亿以上

b. 1 000 亿～10 000 亿

c. 100 亿～1 000 亿

d. 10 亿～100 亿

e. 1 亿～10 亿

f. 1 亿以下

(23) 您所在单位及其下属单位控制的总资产规模是_____（人民币）。[单选题]*

a. 10 000 亿以上

b. 1 000 亿～10 000 亿

c. 100 亿～1 000 亿

d. 10 亿～100 亿

e. 1 亿～10 亿

f. 1 亿以下

(24) 您所在公司在企业集团内的层级是_____。[单选题]*

a. 集团公司总部

b. 集团下属二级单位

c. 集团下属三级单位

d. 集团下属四级及以下单位

e. 所在公司为单体公司，不是集团

f. 其他情况_____

(25) 贵公司的业务可分为多少个板块？[单选题]*

a. 10 个以上

b. 6～10 个

c. 2～5 个

d. 不是多元化企业

(26) 您所在的公司是否为上市公司,或为上市公司的子公司或分公司?[单选题]*

a. 是

b. 否

(27) 您所在的公司所处的行业(如为制造业请说明具体分类)是_____。[单选题]*

a. 农、林、牧、渔业

b. 采矿业

c. 制造业_____

d. 电力、热力、燃气及水生产和供应业

e. 建筑业

f. 批发和零售业

g. 交通运输、仓储和邮政业

h. 住宿和餐饮业

i. 信息传输、软件和信息技术服务业

j. 金融业

k. 房地产业

l. 租赁和商务服务业

m. 科学研究和技术服务业

n. 水利、环境和公共设施管理业

o. 居民服务、修理和其他服务业

p. 教育

q. 卫生

r. 文化、体育和娱乐业

s. 综合(其他)_____

(28) 您所在单位的员工人数约为多少(请您尽可能准确地填写)?[矩阵文本题]*(此处仅列出矩阵量表行标题,以下相同)

① 单位员工人数(不包括下属单位);

② 单位员工人数(包括下属单位)。

(29) 请您尽可能准确、完整地填写公司最近一年下列指标的实际值(每个指标对应的值都为百分数,可直接填写 0～100 的整数)。[矩阵文本题]

① 总资产收益率(ROA)(%);

② 经营活动现金流/销售收入(%);

③ 销售成本/销售收入(%);

④ (销售费用＋管理费用)/销售收入(%);

⑤ 销售收入增长率(%);

⑥ 市场份额(%);

⑦ 研发投入/销售收入(%);

⑧ 顾客满意度(%);

⑨ 交货准时率(%);

⑩ 员工满意度(%)。

【问卷结束,感谢您的参与!】

参 考 文 献

杜荣瑞,肖泽忠,周齐武. 中国管理会计研究述评[J]. 会计研究,2009,(9):72-80,97.

邓传洲,刘峻勇,赵春光. 基于预算的考核、预算氛围和预算副效应[J]. 会计研究,2008,(4):70-77,94.

高晨,汤谷良. 管理控制工具的整合模式:理论分析与中国企业的创新——基于中国国有企业的多案例研究[J]. 会计研究,2007,(8):68-75,96.

黄玥,舒烟雨. 战略导向下企业预算管理体系构建——以华润集团为例[J]. 财会通讯:综合(中),2013,(1):96-97.

李娟娟. 华润集团平衡计分卡应用研究[J]. 合作经济与科技,2014,(1):81-82.

刘俊勇,孟焰,卢闯. 平衡计分卡的有用性:一项实验研究[J]. 会计研究,2011,(5):36-43,95.

潘飞,石美娟,童卫华. 高级管理人员激励契约研究[J]. 中国工业经济,2006,(3):68-74.

斯坦纳. 战略规划[M]. 李先柏,译. 北京:华夏出版社,2001.

孙健,王百强,袁蓉丽. 信息系统整合、预算程序公平与企业业绩——一项基于国有企业的调查研究[J]. 管理世界,2017,(5):131-143.

汤谷良,王斌,杜菲,等. 多元化企业集团管理控制体系的整合观——基于华润集团6S的案例分析[J]. 会计研究,2009,(2):53-60,94.

武亚军. 战略规划如何成为竞争优势:联想的实践及启示[J]. 管理世界,2007,

(4): 118-129.

肖泽忠,杜荣瑞,周齐武.试探信息技术与管理会计和控制的互补性及其业绩影响[J].管理世界,2009,(4):143-152.

于增彪,袁光华,刘桂英,等.关于集团公司预算管理系统的框架研究[J].会计研究,2004,8(3):3-29.

于增彪,赵晓东.中国集团公司管理控制系统的未来模式:财务主导型控制系统[C].中国会计学会2006年学术年会,2016.

余菁.案例研究与案例研究方法[J].经济管理,2004,(20):24-29.

诸波,干胜道.市场竞争程度、经营战略与业绩评价指标选择[J].会计研究,2015,(2):51-57,94.

张朝宓,卓毅,董伟,等.预算松弛行为的实验研究[J].管理科学学报,2004,7(3):46-53.

ABERNETHY M A, LILLIS A M. The impact of manufacturing flexibility on management control system design[J]. Accounting, Organizations and Society, 1995, 20(4): 241-258.

ABERNETHY M A, CHUA W F. A field study of control system "redesign": the impact of institutional processes on strategic choice[J]. Contemporary Accounting Research, 1996, 13(2): 569-606.

ADLER P S, CHEN C X. Combining creativity and control: Understanding individual motivation in large-scale collaborative creativity[J]. Accounting, Organizations and Society, 2011, 36(2): 63-85.

ANDREWS, F M, FARRIS, G F. Time pressure and performance of scientists and engineers: A five~year panel study[J]. Organizational Behavior and Human Performance, 1972, 8(2): 185-200.

ANTHONY R N. Management Planning and Control Systems: A Framework for Analysis[M]. Brighton: Harvard Business School Press, 1965.

ANTHONY R N. Management accounting: a personal history[J]. Journal of Management Accounting Research, 2003, 15(1): 249-253.

ANTHONY R N, GOVINDARAJAN, V. Management Control Systems (12th

Edition)[M]. New York: McGraw-Hill, 2007.

AQUINO K, GRIFFETH R W, ALLEN D G, et al. Integrating justice constructs into the turnover process: A test of a referent cognitions model[J]. Academy of Management Journal, 1997, 40(5): 1208-1227.

ARANDA C, ARELLANO J. Consensus and link structure in strategic performance measurement systems: A field study[J]. Journal of Management Accounting Research, 2010, 22(1): 271-299.

ARGYRIS C. The Impact of Budgets on People[M]. New York: Controllership Foundation, 1952.

ARIEL D. Predictably Irrational: The Hidden Forces That Shape Our Decisions [M]. New York: Harper Collins Publishers, 2008.

ARNOLD M C, ARTZ M. Target difficulty, target flexibility, and firm performance: Evidence from business units' targets [J]. Accounting, Organizations and Society, 2015, 40: 61-77.

BAERDEMAEKER J, BRUGGEMAN W. The impact of participation in strategic planning on managers' creation of budgetary slack: The mediating role of autonomous motivation and affective organizational commitment[J]. Management Accounting Research, 2015, 29: 1-12.

BANKER R D, CHANG H, PIZZINI M J. The balanced scorecard: Judgmental effects of performance measures linked to strategy[J]. Accounting Review, 2004, 79(1): 1-23.

BARNARD C I. The functions of the executive [M]. Cambridge: Harvard University Press, 1968.

BARON R M, KENNY D A. The moderator - mediator variable distinction in social psychological research: Conceptual, strategic, and statistical considerations[J]. Journal of Personality and Social Psychology, 1986, 51(6): 1173-1182.

BHIMANI A, LANGFIELD-SMITH K. Structure, formality and the importance of financial and non-financial information in strategy development and implementation[J]. Management Accounting Research, 2007, 18(1): 3-31.

BIES R J. Beyond "voice": The influence of decision-maker justification and sincerity on procedural fairness judgments[J]. Representative Research in Social Psychology, 1987, 17: 3-14.

BIES R J, SHAPIRO D L. Voice and justification: Their influence on procedural fairness judgments[J]. Academy of Management Journal, 1988, 31(3): 676-685.

BIRNBERG J G, SHIELDS M D, YOUNG S M. The case for multiple methods in empirical management accounting research (with an illustration from budget setting)[J]. Journal of Management Accounting Research, 1990, 2(1): 33-66.

BIRNBERG J G, LUFT J, SHIELDS M D. Psychology theory in management accounting research[J]. Handbooks of Management Accounting Research, 2006, 1: 113-135.

BISBE J, MALAGUEÑO R. Using strategic performance measurement systems for strategy formulation: Does it work in dynamic environments?[J]. Management Accounting Research, 2012, 23(4): 296-311.

BLAU P. Power and Exchange in Social Life[M]. Hoboken: John Wiley & Sons, 1964.

BOGNER W C, BARR P S. Making sense in hypercompetitive environments: A cognitive explanation for the persistence of high velocity competition[J]. Organization Science, 2000, 11(2): 212-226.

BONNER S E, SPRINKLE G B. The effects of monetary incentives on effort and task performance: theories, evidence, and a framework for research[J]. Accounting, Organizations and Society, 2002, 27(4-5): 303-345.

BOURGUIGNON A, MALLERET V, NØRREKLIT H. The American balanced scorecardversus the French tableau de bord: the ideological dimension[J]. Management Accounting Research, 2004, 15(2): 107-134.

BROWNELL P. The role of accounting data in performance evaluation, budgetary participation, and organizational effectiveness[J]. Journal of

Accounting Research, 1982, 20(1): 12-27.

BROWNELL P, MCINNES M. Budgetary participation, motivation, and managerial performance[J]. Accounting Review, 1986, 61(4): 587-600.

BURNEY L, WIDENER S K. Strategic performance measurement systems, job-relevant information, and managerial behavioral responses—role stress and performance[J]. Behavioral Research in Accounting, 2007, 19(1): 43-69.

BURNEY L L, HENLE C A, WIDENER S K. A path model examining the relations among strategic performance measurement system characteristics, organizational justice, and extra-and in-role performance [J]. Accounting, Organizations and Society, 2009, 34(3): 305-321.

BURNS J, SCAPENS R W. Conceptualizing management accounting change: an institutional framework[J]. Management Accounting Research, 2000, 11(1): 3-25.

CADEZ S, GUILDING C. An exploratory investigation of an integrated contingency model of strategic management accounting [J]. Accounting, Organizations and Society, 2008, 33(7-8): 836-863.

CAMPBELL D J, GINGRICH K F. The interactive effects of task complexity and participation on task performance: A field experiment[J]. Organizational Behavior and Human Decision Processes, 1986, 38(2): 162-180.

CHENG M M, HUMPHREYS K A. The differential improvement effects of the strategy map and scorecard perspectives on managers' strategic judgments[J]. Accounting Review, 2012, 87(3): 899-924.

CHEN Y, JERMIAS J, PANGGABEAN T. The Role of Visual Attention in the Managerial Judgment of Balanced - Scorecard Performance Evaluation: Insights from Using an Eye - Tracking Device[J]. Journal of Accounting Research, 2016, 54(1): 113-146.

CHENHALL R H, BROWNELL P. The effect of participative budgeting on job satisfaction and performance: Role ambiguity as an intervening variable[J]. Accounting, Organizations and Society, 1988, 13(3): 225-233.

CHENHALL R H. Management control systems design within its organizational context: findings from contingency-based research and directions for the future [J]. Accounting, organizations and society, 2003, 28(2): 127-168.

CHENHALL R H. Integrative strategic performance measurement systems, strategic alignment of manufacturing, learning and strategic outcomes: an exploratory study[J]. Accounting, Organizations and Society, 2005, 30(5): 395-422.

CHIN W W. The partial least squares approach to structural equation modeling [J]. Modern methods for business research, 1998, 295(2): 295-336.

CHIN W W, NEWSTED P R. Structural equation modeling analysis with small samples using partial least squares[C]. Hoyle, R H. Statistical strategies for small sample research, Thousand Oaks: Sage Publication, 1999: 307-341.

CHONG V K, CHONG K M. Budget goal commitment and informational effects of budget participation on performance: A structural equation modeling approach[J]. Behavioral Research in Accounting, 2002, 14(1): 65-86.

CHOW C W, COOPER J C, WALLER W S. Participative budgeting: Effects of a truth-inducing pay scheme and information asymmetry on slack and performance[J]. Accounting Review, 1988, 63(1): 111-122.

CHOW C W, COOPER J C, HADDAD K. The effects of pay schemes and ratchets on budgetary slack and performance: A multiperiod experiment[J]. Accounting, Organizations and Society, 1991, 16(1): 47-60.

COLLINS, F. The interaction of budget characteristics and personality variables with budgetary response attitudes[J]. Accounting Review, 1978, 53(2): 324-335.

COYLE-SHAPIRO J A M, SHORE L M. The employee - organization relationship: Where do we go from here? [J]. Human Resource Management Review, 2007, 17(2): 166-179.

CRABTREE A D, DEBUSK G K. The effects of adopting the Balanced Scorecard on shareholder returns[J]. Advances in Accounting, 2008, 24(1): 8-15.

CROPANZANO R, FOLGER R. Referent cognitions and task decision autonomy: Beyond equity theory[J]. Journal of Applied Psychology, 1989, 74(2): 293-299.

CROPANZANO R, MITCHELL M S. Social exchange theory: An interdisciplinary review[J]. Journal of Management, 2005, 31(6): 874-900.

DACHLER H P, MOBLEY W H. Construct validation of aninstrumentality-expectancy-task-goal model of work motivation: Some theoretical boundary conditions[J]. Journal of Applied Psychology, 1973, 58(3): 397-418.

DAVIS S, ALBRIGHT T. An investigation of the effect of Balanced Scorecard implementation on financial performance [J]. Management Accounting Research, 2004, 15(2): 135-153.

DE CREMER D, SEDIKIDES C. Self-uncertainty and responsiveness to procedural justice[J]. Journal of Experimental Social Psychology, 2005, 41(2): 157-173.

DE GEUSER F, MOORAJ S, OYON D. Does the balanced scorecard add value? Empirical evidence on its effect on performance[J]. European Accounting Review, 2009, 18(1): 93-122.

DECI E L, RYAN R M. Intrinsic Motivation and Self-determination in Human Behavior[M]. New York: Springer, 1985.

DECI E L, CONNELL J P, RYAN R M. Self-determination in a work organization[J]. Journal of applied psychology, 1989, 74(4): 580-590.

DECI E L, RYAN R M. Self-determination theory: A macrotheory of human motivation, development, and health[J]. Canadian Psychology, 2008, 49(3): 182-185.

DERFUSS K. The relationship of budgetary participation and reliance on accounting performance measures with individual-level consequent variables: a meta-analysis[J]. European Accounting Review, 2009, 18(2): 203-239.

DIEHL E, STERMAN J D. Effects of feedback complexity on dynamic decision making[J]. Organizational Behavior and Human Decision Processes, 1995, 62

(2): 198-215.

DIEKMANN K A, BARSNESS Z I, SONDAK H. Uncertainty, fairness perceptions, and job satisfaction: A field study[J]. Social Justice Research, 2004, 17(3): 237-255.

DILLA W N, STEINBART P J. Relative weighting of common and unique balanced scorecard measures by knowledgeable decision makers[J]. Behavioral research in accounting, 2005, 17(1): 43-53.

DOSSETT D L, LATHAM G P, SAARI L M. The impact of goal setting on survey returns[J]. Academy of Management Journal, 1980, 23(3): 561-567.

DUNK A S. Budget emphasis, budgetary participation and managerial performance: a note[J]. Accounting, Organizations and Society, 1989, 14(4): 321-324.

DUNK A S. The effect of budget emphasis and information asymmetry on the relationbetween budgetary participation and slack[J]. Accounting review, 1993, 68(2): 400-410.

DUNK A S, NOURI H. Antecedents of budgetary slack: A literature review and synthesis[J]. Journal of Accounting Literature, 1998, 17: 72-96.

EARLEY P C, KANFER R. The influence of component participation and role models on goal acceptance, goal satisfaction, and performance[J]. Organizational Behavior and Human Decision Processes, 1985, 36(3): 378-390.

EARLEY P C. Trust, Perceived Importance of Praise and Criticism, and Work Performance: An Examination of Feedback in the United States and England [J]. Journal of Management, 1986, 12(4): 457-473.

EISENHARDT K M. Building Theories from Case Study Research[J]. The Academy of Management Review, 1989, 14(4): 532-550.

EREZ M, EARLEY P C, HULIN C L. The impact of participation on goal acceptance and performance: A two-step model[J]. Academy of Management journal, 1985, 28(1): 50-66.

FARRELL A M, LUFT J, SHIELDS M D. Accuracy in judging the nonlinear effects of cost and profit drivers[J]. Contemporary Accounting Research, 2007, 24(4): 1139-1169.

FERREIRA A, OTLEY D. The design and use of performance management systems: An extended framework for analysis[J]. Management accounting research, 2009, 20(4): 263-282.

FISHER J G, MAINES L A, PEFFER S A, et al. Using budgets for performance evaluation: Effects of resource allocation and horizontal information asymmetry on budget proposals, budget slack, and performance [J]. The Accounting Review, 2002, 77(4): 847-865.

FORNELL C, LARCKER D F. Evaluating structural equation models with unobservable variables and measurement error [J]. Journal of marketing research, 1981, 18(1): 39-50.

FOLGER R, MARTIN C. Relative deprivation and referent cognitions: Distributive and procedural justice effects[J]. Journal of Experimental Social Psychology, 1986, 22(6): 531-546.

FOLGER R. A referent cognitions theory of relative deprivation[C]. Relative deprivation and social comparison: The Ontario symposium. 1986, 4: 33-55.

FOLGER R, KONOVSKY M A. Effects of procedural and distributive justice on reactions to pay raise decisions[J]. Academy of Management journal, 1989, 32 (1): 115-130.

FREDERICKSON J R, CLOYD C B. The effects of performance cues, subordinate susceptibility to social influences, and the nature of the subordinate's private information on budgetary slack [J]. Advances in Accounting, 1998, 16(1): 89-115.

FRENCH J R, KAY E, MEYER H H. Participation and the appraisal system [J]. Human Relations, 1966, 19(1): 3-20.

FRENCH J R, RAVEN B, CARTWRIGHT D. The bases of social power[J]. Classics of Organization Theory, 1959, 7: 311-320.

FREZATTI F, AGUIAR A B, GUERREIRO R, et al. Does management accounting play role in planning process? [J]. Journal of Business Research, 2011, 64(3): 242-249.

FROST P J, MAHONEY T A. Goal setting and the task process: I. An interactive influence on individual performance[J]. Organizational Behavior and Human Performance, 1976, 17(2): 328-350.

GARLAND H. Influence of ability, assigned goals, and normative information on personal goals and performance: A challenge to the goal attainability assumption[J]. Journal of Applied Psychology, 1983, 68(1): 20-30.

GARY M S, WOOD R E. Mental models, decision rules, and performance heterogeneity[J]. Strategic management journal, 2011, 32(6): 569-594.

GIMBERT X, BISBE J, MENDOZA X. The role of performance measurement systems in strategy formulation processes[J]. Long Range Planning, 2010, 43 (4): 477-497.

GORDON L A, NARAYANAN V K. Management accounting systems, perceived environmental uncertainty and organization structure: an empirical investigation[J]. Accounting, organizations and society, 1984, 9(1): 33-47.

GOVINDARAJAN V. Impact of participation in the budgetary process on managerial attitudes and performance: Universalistic and contingency perspectives[J]. Decision Sciences, 1986, 17(4): 496-516.

GRABNER I, MOERS F. Management control as a system or a package? Conceptual and empirical issues[J]. Accounting, Organizations and Society, 2013, 38(6-7): 407-419.

HALL D T, LAWLER E E. Job Pressures and Research Performance: Contrary to popular opinion, job pressures are not necessarily undesirable; in fact, certain pressures seem to enhance researchers' job attitudes and performance [J]. American Scientist, 1971, 59(1): 64-73.

HAMMERSLEY J S. Pattern identification and industry-specialist auditors[J]. The Accounting Review, 2006, 81(2): 309-336.

HANGES P J, ALEXANDER R A, HERBERT G R. Using regression analysis to empirically verify catastrophe models[C]. Annual Society of Industrial and Organizational Psychology Meeting, Atlanta, GA. 1987.

HANSEN S C, OTLEY D T, VAN DER STEDE W A. Practice developments in budgeting: an overview and research perspective[J]. Journal of management accounting research, 2003, 15(1): 95-116.

HANSEN S C, VAN DER STEDE W A. Multiple facets of budgeting: an exploratory analysis[J]. Management accounting research, 2004, 15(4): 415-439.

HARRISON G L. The cross-cultural generalizability of the relation between participation, budget emphasis and job related attitudes[J]. Accounting, Organizations and Society, 1992, 17(1): 1-15.

HOLLENBECK J R, KLEIN H J, O'LEARY A M, et al. Investigation of the construct validity of a self-report measure of goal commitment[J]. Journal of Applied Psychology, 1989, 74(6): 951-956.

HOPWOOD A G. An empirical study of the role of accounting data in performance evaluation[J]. Journal of accounting research, 1972, 10: 156-182.

HOPWOOD A G. Leadership climate and the use of accounting data in performance evaluation[J]. The Accounting Review, 1974, 49(3): 485-495.

HOPWOOD A G. Accounting and human behavior[M]. Upper Saddle River, NJ, US: Prentice Hall, 1976.

HOQUE Z. Linking environmental uncertainty to non-financial performance measures and performance: A research note[J]. The British Accounting Review, 2005, 37(4): 471-481.

HORNGREN C T, FOSTER G, DATAR S M, et al. Cost accounting: A managerial emphasis[J]. Issues in Accounting Education, 2010, 25(4): 789-790.

HUMPHREYS K A, TROTMAN K T. The balanced scorecard: The effect of strategy information on performance evaluation judgments[J]. Journal of Management Accounting Research, 2011, 23(1): 81-98.

HUMPHREYS K A, GARY M S, Trotman K T. Dynamic decision making using the balanced scorecard framework[J]. The Accounting Review, 2016, 91 (5): 1441-1465.

HUTZSCHENREUTER T, KLEINDIENST I. Strategy-process research: What have we learned and what is still to be explored[J]. Journal of management, 2006, 32(5): 673-720.

IOANNOU I, LI S X, SERAFEIM G. The effect of target difficulty on target completion: The case of reducing carbon emissions[J]. The Accounting Review, 2015, 91(5): 1467-1492.

ITTNER C D, LARCKER D F, RAJAN M V. The choice of performance measures in annual bonus contracts[J]. Accounting Review, 1997, 72(2):231-255.

ITTNER C D, LARCKER D F. Innovations in performance measurement: Trends and research implications[J]. Journal of Management Accounting esearch, 1998a, 10: 205-238.

ITTNER C D, LARCKER D F. Are nonfinancial measures leading indicators of financial performance? An analysis of customer satisfaction[J]. Journal of accounting research, 1998b, 36: 1-35.

JAMES, W. The Principles of Psychology[M]. New York: Holt, 1890

JIWEN SONG L, TSUI A S, LAW K S. Unpacking employee responses to organizational exchange mechanisms: The role of social and economic exchange perceptions[J]. Journal of Management, 2009, 35(1): 56-93.

KADOUS K, SEDOR L M. The efficacy of third - party consultation in preventing managerial escalation of commitment: The role of mental representations[J]. Contemporary Accounting Research, 2004, 21(1): 55-82.

KAHNEMAN D. Attention and effort[M]. Englewood Cliffs: Prentice-Hall, 1973.

KANODIA C. Participative budgets as coordination and motivational devices[J]. Journal of Accounting Research, 1993, 31(2): 172-189.

KAPLAN R S, NORTON D P. The balanced scorecard: Measures that drive performance[J]. Harvard Business Review, 1992, 70(1): 71-79.

KAPLAN R S, NORTON D P. Using the balanced scorecard as a strategic management system[J]. Harvard Business Review, 1996a, 74(1): 75-85.

KAPLAN R S, NORTON D P. Thebalanced scorecard: translating strategy into action[M]. Brighton: Harvard Business Press, 1996b.

KAPLAN R S, NORTON D P. Having trouble with your strategy? Then map it [J]. Harvard Business Review, 2000, 78(5):167-176, 202.

KAPLAN R S, NORTON D P. Thestrategy-focused organization: How balanced scorecard companies thrive in the new business environment[M]. Brighton: Harvard Business Press, 2001.

KAPLAN R S, NORTON D P. Strategy Maps: Converting Intangible Assets Into Tangible Outcomes[M]. Brighton: Harvard Business Press, 2003.

KAPLAN R S, NORTON D P. Thestrategy map: Guide to aligning intangible assets[J]. Strategy & leadership, 2004, 32(5): 10-17.

KAPLAN R S, NORTON D P. The office of strategy management[J]. Harvard Business Review, 2005, 83(7): 172.

KAPLAN R S, NORTON D P. How to implement a new strategy without disrupting your organization[J]. Harvard Business Review, 2006a, 84(3):100-105.

KAPLAN R S, NORTON D P. Alignment: Using the Balanced Scorecard to Create Corporate Synergies[M]. Brighton: Harvard Business Press, 2006b.

KAPLAN R S, NORTON D P. Mastering the management system[J]. Harvard business review, 2008a, 86(1): 62-77.

KAPLAN R S, NORTON D P. The Execution Premium: Linking Strategy to Operations for Competitive Advantage [M]. Brighton: Harvard Business Press, 2008b.

KAPLAN R, NORTON D, RUGELSJOEN B. Managing Alliances with the Balanced Scorecard[J]. Harvard Business Review, 2010, 88(1):114-120.

KELLY K O, WEBB R A, VANCE T. The interactive effects of ex post goal adjustment and goal difficulty on performance[J]. Journal of Management Accounting Research, 2014, 27(1): 1-25.

KLEIN H J, WESSON M J, HOLLENBECK J R, et al. Goal commitment and the goal-setting process: conceptual clarification and empirical synthesis[J]. Journal of applied psychology, 1999, 84(6): 885-896.

KOLE J A, HEALY A F. Using prior knowledge to minimize interference when learning large amounts of information[J]. Memory & Cognition, 2007, 35(1): 124-137.

KONOVSKY M A, PUGH S D. Citizenship behavior and social exchange[J]. Academy of management journal, 1994, 37(3): 656-669.

KONOVSKY M A. Understanding procedural justice and its impact on business organizations[J]. Journal of management, 2000, 26(3): 489-511.

KRAMER S, HARTMANN F. How top-down and bottom-up budgeting affect budget slack and performance through social and economic exchange[J]. Abacus, 2014, 50(3): 314-340.

KREN L, LIAO W M. The role of accounting information in the control of organizations: a review of the evidence[J]. Journal of Accounting Literature, 1988, 7(1): 280-309.

KREN L. Budgetary participation and managerial performance: The impact of information and environmental volatility[J]. Accounting Review, 1992, 67(3): 511-526.

KUKALIS S. The relationship among firm characteristics and design of strategic planning systems in large organizations[J]. Journal of Management, 1989, 15(4): 565-579.

KYJ L, PARKER R J. Antecedents of budget participation: leadership style, information asymmetry, and evaluative use of budget[J]. Abacus, 2008, 44

(4): 423-442.

LALI W R. Handbook of Budgeting [M]. 6th Ed. Hoboken: John Wiley & Sons, 2011.

LANGLEY A. The roles of formal strategic planning[J]. Long range planning, 1988, 21(3): 40-50.

LATHAM G P, YUKL G A. Assigned versus participative goal setting with educated and uneducated woods workers[J]. Journal of Applied Psychology, 1975, 60(3): 299-302.

LATHAM G P, MITCHELL T R, DOSSETT D L. Importance of participative goal setting and anticipated rewards on goal difficulty and job performance[J]. Journal of Applied Psychology, 1978, 63(2): 163-171.

LATHAM G P, SAARI L M. The effects of holding goal difficulty constant on assigned and participatively set goals[J]. Academy of Management Journal, 1979, 22(1): 163-168.

LATHAM G P, MARSHALL H A. The effects of self-set, participatively set and assigned goals on the performance of government employees[J]. Personnel Psychology, 1982a, 35(2): 399-404.

LATHAM G P, STEELE T P, SAARI L M. The effects of participation and goal difficulty on performance [J]. Personnel Psychology, 1982b, 35 (3): 677-686.

LATHAM G P, STEELE T P. The motivational effects of participation versus goal setting on performance[J]. Academy of Management Journal, 1983, 26 (3): 406-417.

LAU C M, BUCKLAND C. Budgeting—the Role of Trust and Participation: A Research Note[J]. Abacus, 2001, 37(3):369-388.

LAU C M, EGGLETON I R C. The influence of information asymmetry and budget emphasison the relationship between participation and slack [J]. Accounting and Business Research, 2003, 33(2): 91-104.

LAU C M, SHOLIHIN M. Financial and nonfinancial performance measures: How do they affect job satisfaction? [J]. The British Accounting Review, 2005, 37(4): 389-413.

LAU C M, TAN S L C. The effects of procedural fairness and interpersonal trust on job tension in budgeting[J]. Management Accounting Research, 2006, 17(2): 171-186.

LAU C M, MOSER A. Behavioral effects of nonfinancial performance measures: The role of procedural fairness[J]. Behavioral Research in Accounting, 2008, 20(2): 55-71.

LEVENTHAL G S. What should be done with equity theory? [C]. Gergen K J, Greenberg M S, Willis R H. Social Exchange: Advances in Theory and Research. New York: Springer, 1980: 27-55.

LIBBY T. The influence of voice and explanation on performance in a participative budgeting setting[J]. Accounting, Organizations and Society, 1999, 24(2): 125-137.

LIBBY T, Salterio S E, Webb A. The balanced scorecard: The effects of assurance and process accountability on managerial judgment[J]. Accounting Review, 2004, 79(4): 1075-1094.

LIND E A, TYLER T. The Social Psychology of Procedural Justice. New York: Plenum Press, 1988.

LIND E A, VAN DEN BOS K. When fairness works: Toward a general theory of uncertainty management[J]. Research in Organizational Behavior, 2002, 24: 181-223.

LINDQUIST T M. Fairness as an antecedent to participative budgeting: Examing the effects of distributive justice, procedural Justice and referent cognitions on satisfaction and performance [J]. Journal of Management Accounting Research, 1995, (7): 122-147.

LIPE M G, SALTERIO S E. The balanced scorecard: Judgmental effects of common and unique performance measures[J]. Accounting Review, 2000, 75

(3): 283-298.

LOCKE E A, SHAW K N, SAARI L M, et al. Goal setting and task performance: 1969-1980[J]. Psychological Bulletin, 1981, 90(1): 125-152.

LOCKE, E A. Relation of goal level to performance with a short work period and multiple goal levels[J]. Journal of Applied Psychology, 1982, 67(4): 512-514.

LOCKE E A, FREDERICK E, BUCKNER E, et al. Effect of previously assigned goals on self-set goals and performance[J]. Journal of Applied Psychology, 1984, 69(4): 694-699.

LOCKE E A, LATHAM G P, EREZ M. The determinants of goal commitment [J]. Academyof management review, 1988, 13(1): 23-39.

LOCKE E A, LATHAM G P. A theory of goal setting & task performance[M]. Upper Saddle River: Prentice Hall, 1990.

LOCKE E A, LATHAM G P. New directions in goal-setting theory[J]. Current directions in psychological science, 2006, 15(5): 265-268.

LOWE E A, SHAW R W. An analysis of managerial biasing: evidence from a company's budgeting process[J]. Journal of Management Studies, 1968, 5(3): 304-315.

LUFT J, SHIELDS M D. Mapping management accounting: graphics and guidelines for theory-consistent empirical research [J]. Accounting, Organizations and Society, 2003, 28(2-3): 169-249.

LUKKA K. Budgetary biasing in organizations: theoretical framework and empirical evidence[J]. Accounting, Organizations and Society, 1988, 13(3): 281-301.

MACINTOSH N B, DAFT R L. Management Control Systems and Interdependencies: An Empirical Study[J]. Accounting Organizations & Society, 1987, 12(1): 49-61.

MAGNER N R, JOHNSON G G. Municipal Officials' Reactions to Justice in Budgetary Resource Allocation[J]. Public Administration Quarterly, 1995, 18 (4): 439-456.

MAGNER N, WELKER R B, CAMPBELL T L. Testing a model of cognitive budgetary participation processes in a latent variable structural equations framework[J]. Accounting and Business Research, 1996, 27(1): 41-50.

MAHONEY T A. Development of managerial performance: A research approach [M]. Cincinnati: South-western Publishing Company, 1963.

MAHONEY T A, JERDEE T H, CARROLL S J. The job(s) of management [J]. Industrial Relations: A Journal of Economy and Society, 1965, 4(2): 97-110.

MAIGA A S. Fairness, budget satisfaction, and budget performance: A path analytic model of their relationships[J]. Advances in Accounting Behavioral Research, 2006, 9: 87-111.

MAIGA A S, JACOBS F. Budget participation's influence on budget slack: The role of fairness perceptions, trust and goal commitment[J]. Journal of Applied Management Accounting Research, 2007, 5(1): 39-58.

MALMI T, BROWN D A. Management control systems as a package—Opportunities, challenges and research directions[J]. Management accounting research, 2008, 19(4): 287-300.

MALMI T, GRANLUND M. In Search of Management Accounting Theory[J]. European Accounting Review, 2009, 18(3): 597-620.

MARKMAN A B, GENTNER D. Thinking[J]. Annual Review of Psychology, 2001, 52(1): 223-247.

MATHEWSON S B. Restriction of output among unorganized workers[M]. New York: Viking Press, 1969.

MCFARLIN D B, SWEENEY P D. Distributive and procedural justice as predictors of satisfaction with personal and organizational outcomes [J]. Academy of Management Journal, 1992, 35(3): 626-637.

MERCHANT K A. Budgeting and the propensity to create budgetary slack[J]. Accounting, Organizations and Society, 1985, 10(2): 201-210.

MERCHANT K A, MANZONI J F. The Achievability of Budget Targets in

Profit Centers: A Field Study[J]. Accounting Review, 1989, 64(3): 539-558.

MERCHANT K A, VAN DER STEDE W A. Management Control Systems: Performance Measurement, Evaluation and Incentives[M]. Upper Saddle River: Pearson Education, 2007.

MILANI K. The relationship of participation in budget-setting to industrial supervisor performance and attitudes: a field study[J]. Accounting Review, 1975, 50(2): 274-284.

MORAY N. Where is capacity limited? A survey and a model[J]. Acta psychologica, 1967, 27: 84-92.

NEELY A, GREGORY M, PLATTS K. Performance measurement system design: A literature review and research agenda[J]. International Journal of Operations & Production management, 1995, 15(4): 80-116.

NEWTON K. Challenging Strategic Planning Assumptions—Theory, Cases, and Techniques[J]. Journal of the Operational Research Society, 1982, 33(4): 390-391.

NORTON D, KAPLAN R. Putting the balanced scorecard to work[J]. Harvard Business Review, 1993, 71(5): 134-140.

NOURI H. Using organizational commitment and job involment to predict budgetary slack: A research note[J]. Accounting, Organizations and Society, 1994, 19(3): 289-295.

NOURI H, PARKER R J. The effect of organizational commitment on the relation between budgetary participation and budgetary slack[J]. Behavioral Research in Accounting, 1996, 8: 74-90.

NOURI H, PARKER R J. The relationship between budget participation and job performance: the roles of budget adequacy and organizational commitment[J]. Accounting, Organizations and Society, 1998, 23(5): 467-483.

ONSI M. Factor analysis of behavioral variables affecting budgetary slack[J]. The Accounting Review, 1973, 48(3): 535-548.

OTLEY D T, BERRY A J. Control, organisation and accounting[J].

Accounting, Organizations and Society, 1980, 5(2): 231-244.

OTLEY D. Performance management: a framework for management control systems research [J]. Management Accounting Research, 1999, 10 (4): 363-382.

OTLEY D. The contingency theory of management accounting and control: 1980-2014[J]. Management Accounting Research, 2016, 31: 45-62.

OUCHI W G. A Conceptual Framework for the Design of Organizational Control Mechanisms[J]. Management Science, 1979, 25(9): 833-848.

PAPADAKIS V M, LIOUKAS S, CHAMBERS D. Strategic decision - making processes: the role of management and context[J]. Strategic management journal, 1998, 19(2): 115-147.

PAYNE J W, BETTMAN J R, JOHNSON E J. The adaptive decision maker [M]. Cambridge: Cambridge University Press, 1993.

RACHMAN S. The influence of budgetary participation on budgetary slack: the role of organizational fairness, managerial trust and budget goal commitment [J]. Jurnal Akuntansi Manajemen, 2012: 73-78.

RHOADES L, EISENBERGER R. Perceived organizational support: A review of the literature[J]. Journal of Applied Psychology, 2002, 87(4): 698-714.

RONAN W W, LATHAM G P, KINNE S B. Effects of goal setting and supervision on worker behavior in an industrial situation[J]. Journal of Applied Psychology, 1973, 58(3): 302-207.

RUPP D E, CROPANZANO R. The mediating effects of social exchange relationships in predicting workplace outcomes from multifoci organizational justice[J]. Organizational Behavior and Human Decision Processes, 2002, 89(1): 925-946.

RUTHERFORD M. Institutions in economics: the old and the new institutionalism[M]. Cambridge: Cambridge University Press, 1996.

SCHEIN E H. Organizational culture and leadership[M]. Hoboken: John Wiley & Sons, 2006.

SEARFOSS D G, MONCZKA R M. Perceived Participation in the Budget Process and Motivation to Achieve the Budget[J]. Academy of Management Journal, 1973, 16(4):541-554.

SETTOON R P, BENNETT N, LIDEN R C. Social Exchange in Organizations [J]. Journal of Applied Psychology, 1996, 81(3): 219-227.

SHIELDS J F, SHIELDS M D. Antecedents of participative budgeting[J]. Accounting, Organizations and Society, 1998, 23(1): 49-76.

SHIELDS M D, YOUNG S M. Antecedents and consequences of participative budgeting: evidence on the effects of asymmetrical information[J]. Journal of Management Accounting Research, 1993, 5(1): 265-280.

SHIELDS M D. Operating Budgets and Budgeting – Benefits and Costs[C]. Weil R L, Maher M W. Handbook of Cost Management. Hoboken: John Wiley & Sons, 2005: 539-572.

SHORE L M, TETRICK L E, LYNCH P, et al. Social and economic exchange: Construct development and validation [J]. Journal of Applied Social Psychology, 2006, 36(4): 837-867.

SIMONS R. Accounting control systems and business strategy: An empirical analysis[J]. Accounting Organizations & Society, 1987, 12(4):357-374.

SIMONS R. Levers of control: How managers use innovative control systems to drive strategic renewal[M]. Brighton: Harvard Business Press, 1995.

SKARLICKI D P, FOLGER R, TESLUK P. Personality as a moderator in the relationship between fairness and retaliation[J]. Academy of Management Journal, 1999, 42(1): 100-108.

SLOVIC P, MACPHILLAMY D. Dimensional commensurability and cue utilization in comparative judgment[J]. Organizational Behavior and Human Performance, 1974, 11(2): 172-194.

STERMAN J D. Modeling managerial behavior: Misperceptions of feedback in a dynamic decision-making experiment[J]. Management Science, 1989, 35(3): 321-339.

NUDURUPATI S S, BHATTACHARYA A, LASCELLES D, et al. Strategic sourcing with multi-stakeholders through value co-creation: An evidence from global health care company[J]. International Journal of Production Economics, 2015, 166: 248-257.

STRAUSS A, CORBIN J. Basics of Qualitative Research Techniques and Procedures for Developing Grounded Theory [M]. 2nd Ed. London: Sage Publications, 1998.

STRINGER C. Empirical performance management research: observations from AOS and MAR[J]. Qualitative Research in Accounting & Management, 2007, 4(2): 92-114.

TAKEUCHI R, LEPAK D P, WANG H, et al. An empirical examination of the mechanisms mediating between high-performance work systems and the performance of Japanese organizations[J]. Journal of Applied Psychology, 2007, 92(4): 1069-1083.

TAYLER W B. The balanced scorecard as a strategy-evaluation tool: The effects of implementation involvement and a causal-chain focus[J]. The Accounting Review, 2010, 85(3): 1095-1117.

TAYLOR F W. The Principles of Scientific Management [M]. New York: Harper Bros, 1911.

TESSIER S, OTLEY D. A conceptual development of Simons' Levers of Control framework[J]. Management Accounting Research, 2012, 23(3): 171-185.

THAU S, BENNETT R J, MITCHELL M S, et al. How management style moderates the relationship between abusive supervision and workplace deviance: An uncertainty management theory perspective[J]. Organizational Behavior and Human Decision Processes, 2009, 108(1): 79-92.

THIBAUT J W, WALKER L. Procedural Justice: A Psychological Analysis [M]. Hillsdale: Lawrence Erlbaum Associates, 1975.

TYLER T R. Conditions leading to value-expressive effects in judgments of procedural justice: A test of four models. [J]. Journal of Personality & Social

Psychology, 1987, 52(2): 333-344.

TYLER T R. What is procedural justice-criteria used by citizens to assess the fairness of legal procedures[J]. Law & Society Review, 1988, 22(1): 103-135.

TYLER T R. The psychology of procedural justice: a test of the group-value model[J]. Journal of personality and social psychology, 1989, 57(5): 830-838.

TYLER T R, LIND E A. A relational model of authority in groups[J]. Advances in Experimental Social Psychology, 1992, 25: 115-191.

TYLER T R. Psychological models of the justice motive: Antecedents of distributive and procedural justice[J]. Journal of Personality and Social Psychology, 1994, 67(5): 850-863.

VAN DEN BOS K, BRUINS J, WILKE H A M, et al. Sometimes unfair procedures have nice aspects: On the psychology of the fair process effect[J]. Journal of Personality and Social Psychology, 1999, 77(2): 324-336.

VAN DER STEDE W A. The relationship between two consequences of budgetary controls: budgetary slack creation and managerial short-term orientation[J]. Accounting, Organizations and Society, 2000, 25(6): 609-622.

VAN DER STEDE W A. The effect of corporate diversification and business unit strategy on the presence of slack in business unit budgets[J]. Accounting, Auditing & Accountability Journal, 2001, 14(1): 30-52.

VILÀ J, CANALES J I. Can strategic planning make strategy more relevant and build commitment over time? The case of RACC[J]. Long Range Planning, 2008, 41(3): 273-290.

VROOM, V H. Work and motivation[M]. New York: John Willey and Sons, 1964.

WALKER K B, JOHNSON E N. The effects of a budget-based incentive compensation scheme on the budgeting behavior of managers and subordinates [J]. Journal of Management Accounting Research, 1999, 11: 1-28.

WALLER W S. Slack in participative budgeting: The joint effect of a truth-inducing pay scheme and risk preferences[J]. Accounting, Organizations and Society, 1988, 13(1): 87-98.

WEBB A, JEFFREY S A, SCHULZ A. Factors affecting goal difficulty and performance when employees select their own performance goals: Evidence from the field[J]. Journal of Management Accounting Research, 2010, 22(1): 209-232.

WEBB R A. The impact of reputation and variance investigations on the creation of budget slack[J]. Accounting, Organizations and Society, 2002, 27(4): 361-378.

WEITZMAN M L. The new Soviet incentive model[J]. The Bell Journal of Economics, 1976, 7(1): 251-257.

WENTZEL K. The influence of fairness perceptions and goal commitment on managers' performance in a budget setting [J]. Behavioral Research in Accounting, 2002, 14(1): 247-271.

WHITENER E M, BRODT S E, KORSGAARD M A, et al. Managers as initiators of trust: An exchange relationship framework for understanding managerial trustworthybehavior[J]. Academy of Management Review, 1998, 23(3): 513-530.

WOLD H. Model construction and evaluation when theoretical knowledge is scarce: Theory and application of partial least squares[C]. Kmenta J, Ramsey J B. Evaluation of econometric models, New York: Academic Press, 1980: 47-74.

YOUNG S M. Participative budgeting: The effects of risk aversion and asymmetric information on budgetary slack [J]. Journal of Accounting Research, 1985, 23(2): 829-842.

YUKL G A, LATHAM G P. Interrelationships among employee participation, individual differences, goal difficulty, goal acceptance, goal instrumentality, and performance[J]. Personnel Psychology, 1978, 31(2): 305-323.